U0489235

乡村振兴
基础设施建设

实操指南与典型案例

陈青松　金继强　张恭攀◎编著

中国计划出版社　中国市场出版社

·北京·

图书在版编目（CIP）数据

乡村振兴基础设施建设实操指南与典型案例 / 陈青松，金继强，张恭攀编著. -- 北京：中国计划出版社：中国市场出版社有限公司, 2025. 2. -- ISBN 978-7-5182-1759-5

Ⅰ. F323

中国国家版本馆CIP数据核字第20243SC614号

乡村振兴基础设施建设实操指南与典型案例
XIANGCUN ZHENXING JICHU SHESHI JIANSHE SHICAO ZHINAN YU DIANXING ANLI

陈青松　金继强　张恭攀　编著

责任编辑：	许寒　白琼
出版发行：	中国市场出版社
地　　址：	北京市西城区月坛北小街2号院3号楼（100837）
电　　话：	编　辑　部（010）68040722
印　　刷：	河北鑫兆源印刷有限公司
规　　格：	170毫米×240毫米　16开本
印　　张：	17.5　　　　　　　　　字　　数：199千字
版　　次：	2025年2月第1版　　　　印　　次：2025年2月第1次印刷
书　　号：	ISBN 978-7-5182-1759-5
定　　价：	68.00元

版权所有　侵权必究　　印装差错　负责调换

前 言

农村基础设施是乡村振兴建设的重要内容之一，直接关系到农业生产条件的改善、农村村容村貌的改变和农民生活质量的提高。

农村基础设施是指为发展农村生产和保证农民生活而提供的公共服务设施的总称。农村基础设施包括交通邮电、农田水利、供水供电、商业服务、园林绿化、教育、文化、卫生事业等生产和生活服务设施。参照中国新农村建设的相关法规文件，农村基础设施分为：农业生产性基础设施、农村生活基础设施、生态环境建设、农村社会发展基础设施四个大类。

习近平总书记指出"现阶段，城乡差距大最直观的是基础设施和公共服务设施差距大。农业农村优先发展，要体现在公共资源配置上""要把公共基础设施建设的重点放在农村，推进城乡基础设施共建共享、互联互通"。

随着我国农村经济社会的快速发展和农民群众生产生活水平的日益提高，农民群众对农村基础设施和公共服务的需求也在不断增加，其中最为迫切的需求是提高农业生产条件的基础设施和有关改善民生的农村基础设施建设，包括农田水利、村内道路建设、自来水供给、污水处理、河道治理、垃圾收集处理、路灯亮化、电网改造、网络、有线电视等。

然而，我国农村基础设施建设难以适应农村经济社会发展的需要。调研显示，部分地区农田水利基础设施建设仍存在短板和弱项，比如资金不足、责任不清、质量不高、取水不便、排涝不畅、旱涝不能保收等突出问题。因此，通过国家政策引领，坚持依靠农民群众，广泛动员全社会的力量共同参与，建立多元化的投入机制，多渠道筹集农村基础设施建设资金势在必行。

目前，农村传统基础设施仍然是"三农"发展的重要基础，下一步，为更好地推进乡村振兴战略，要创造条件推动其数字化转型，特别要加快推动农村地区的农田、水利、公路、电力、冷链物流、农业生产加工等基础设施的数字化、智能化转型，推进智慧水利、智慧交通、智慧电网、智慧农业、智慧物流建设。也就是说，农村新型基础设施建设是数字乡村建设的重要支撑，未来，我国将着力提升农村"新基建"发展速度，在农村地区加快布局 5G、人工智能、物联网等新型基础设施，积极引入信息化主流技术，实现数字技术与农业的深度融合，筑牢数字乡村的发展基础。

本书对我国农村基础设施建设面临的困难和如何建设农村基础设施进行了逐一剖析，对目前我国农村基础设施建设的内容进行了系统的梳理和详细的介绍，并提出了明确的观点和建议，重点是建立健全乡村振兴金融体系、构建乡村振兴基建项目投融资模式、大力发展农村新基建和建设数字乡村，为全面推进乡村振兴打下扎实的基础。

同时，本书结合乡村振兴国家重点项目如现代农业产业园、优势特色产业集群、农业产业强镇等，从农村基础设施建设的角度做了详细解读和典型案例解析。

本书不仅有笔者多年实践操作的乡村振兴基础设施建设经验体会，而且汇集了多例乡村振兴基础设施建设项目典型案例。这些案例具有很强的代表性、指导性和示范性，对相关行业人士研究、操作乡村振兴基础设施建设项目具有较大的借鉴意义。

本书可以作为相关政府决策部门、政府平台公司、各类基础设施建设企业、新型农业经营主体、各类社会资本等乡村振兴参与主体，以及研究、操作乡村振兴的专业人士、企业高管等广大群体参考。

作者

2024 年 12 月

目 录

01 第1章 乡村振兴基础设施建设的痛点与机遇 / 001

乡村振兴视角下的基础设施建设 / 001

农村基础设施建设痛点 / 005

高标准农田建设将带动投资逾3万亿元 / 010

设施农业带来万亿投资机遇 / 014

02 第2章 农业生产性基础设施建设重点 / 021

优势特色产业集群基础设施建设 / 021

现代农业产业园基础设施建设 / 024

农业科技园区基础设施建设 / 034

03 第3章 农村生活性基础设施建设重点 / 051

农村基础设施建设三大工程 / 051

农村生态环境建设重点解读 / 055

04 第4章 智慧农业赋能农业新质生产力 / 073

智慧农业在我国的应用与发展 / 073

智慧农业项目加快落地 / 079

农业物联网如何"接地气" / 082

以信息化建设推动发展农业新质生产力 / 090

农业大数据是现代农业的核心驱动力 / 094

建设数字乡村基础设施 / 098

05 第5章 多元化融资渠道助力乡村基础设施建设 / 111

乡村振兴资金之困 / 111

乡村振兴资金破局：多元化资金渠道 / 115

乡村振兴金融体系"主渠道"和"支渠道" / 119

政策性金融支持乡村振兴基础设施建设 / 122

金融助力农村产权交易平台建设 / 127

06 第6章 支持乡村振兴基础设施建设需要创新多种金融工具 / 131

金融支持乡村振兴基础设施建设 / 131

创新多种金融工具支持乡村振兴基础设施建设 / 134

中央预算内资金重点支持乡村振兴 / 140

乡村振兴专项债券五大类型 / 145

乡村振兴专项债项目策划原则和要点 / 153

产业园区借助专项债核心：建设内容与收益来源 / 158

07 第7章 高标准农田建设主要资金来源 / 167

高标准农田建设的核心要素 / 167

高标准农田建设项目竣工验收要点解析 / 173

高标准农田建设五大资金来源 / 176

金融支持高标准农田建设 / 184

08 第 8 章 乡村振兴基础设施建设项目投融资模式 /189

PPP 模式在乡村振兴基础设施建设领域的应用 / 189

EOD 模式四大应用领域 / 193

EOD 项目落地的三个要点 / 198

EOD 项目落地的三个阶段 / 203

附 录 乡村振兴基础设施项目建设方案范本 / 209

国家乡村振兴示范县建设方案 / 209

农业产业强镇建设实施方案 / 226

生态养殖工程项目 / 240

保税仓建设项目 / 247

全域土地综合整治项目 / 261

参考资料 / 267

第1章

乡村振兴基础设施建设的痛点与机遇

乡村振兴视角下的基础设施建设

农村基础设施是指为发展农村生产和保证农民生活而提供的公共服务设施的总称,包括交通邮电、农田水利、供水供电、商业服务、园林绿化、教育、文化、卫生事业等生产和生活服务设施。参照中国新农村建设的相关法规文件,农村基础设施分为农业生产性基础设施、农村生活基础设施、生态环境基础设施、农村社会发展基础设施四大类。

当前,我国正全面推进乡村振兴,农村基础设施建设是乡村振兴的基本条件,需要各级政府和乡村振兴相关主体补齐农村基础设施短板,促进城乡基础设施互联互通,从而有效推动乡村经济社会的快速发展。

1. 农村基础设施建设内容

(1) 农业生产性基础设施

强化农业基础设施建设是推动农村经济发展、促进农业和农村现代化的重要措施之一。

农业生产性基础设施主要指现代化农业生产基地、农田水利建设以及生产服务设施。其中，现代化农业基地是指拥有高标准的土地、规范化的种植、现代化的装备、完整产业链的农业基地。农村水利建设是指通过兴修为农田服务的水利设施，主要包括灌溉、排水、除涝和防止盐渍灾害等，建设旱涝保收、高产稳定的基本农田。

（2）农村生活基础设施

农村生活基础设施主要指饮水安全、农村沼气、农村道路、农村电力等基础设施建设，如农村电网、垃圾处理厂、污水处理设施、人畜饮水设施、供热燃气设施等，是为广大农村居民生活提供服务的设施。

（3）生态环境建设

生态环境建设主要指天然林资源保护、防护林体系、种苗工程建设，自然保护区生态保护和建设、湿地保护和建设、退耕还林等。

（4）农村社会发展基础设施

农村社会发展基础设施主要指有益于农村社会事业发展的基础建设，包括农村义务教育、农村卫生、农村文化基础设施等。

2. 农村基础设施建设现状

（1）农业生产性基础设施建设现状

农业生产性基础设施对农业生产、农民增收具有重要的作用。

从粮食稳产保供看，以农田质量的有效提升弥补我国耕地数量相对不足的短板，让更多粮田变良田，从而有效破解我国人多地少水缺的资源制约瓶颈。近年来，我国大力推进高标准农田建设。2021年、2022年每年建成高标准农田面积超过1亿亩，到2022年底，我国已累计建成 10 亿亩高标准农田。2023 年 1—11 月，新建和改造提升高标准农田 7927 万亩，完成年度任务量的 99%。未来，我国将把 15.46 亿亩永久基本农田全部建成高标准农田，同步改造提升 4.55 亿亩已建高标准农田，粮食安全基础将更加牢固。

2023 年，我国农业科技进步贡献率达 63.2%[1]，农业科技整体水平已迈入世界第一方阵。物联网、大数据、人工智能、卫星遥感、北斗导航等现代信息技术在种植业生产中加快应用，精准播种、变量施肥、智慧灌溉、植保无人机等技术和装备开始大面积推广。全国农作物耕种收综合机械化率已超过 73%，全国安装北斗终端农机已达 220 万台，作业效率和作业精度达到国际先进水平，植保无人机总量近 20 万架，年作业面积突破 21 亿亩次。科技助力我国农业生产效率效益持续提升，已成为我国农业农村发展的基础性战略性支撑。

（2）农村生活基础设施建设现状

党的十八大以来，全国爱国卫生运动委员会办公室（以下简称爱卫办）、国家卫生健康委会同生态环境部、住房城乡建设部、农业农村部等部门启动了第二轮城乡环境卫生整洁行动，以城乡的垃圾、污水、厕所为重点，加强基础设施建设，清理整治环境卫生，打造干净整洁的城乡人居环境。截至 2022 年初，我国环境卫生基础设施日益完善，农村卫生厕所普及率已经超过 70%，农村集中供水率和自来水普及率分别达到了 89% 和 84%，农村环境卫生状况明显改善。

---

[1] 本数据来自国家统计局发布的《农业发展阔步前行 现代农业谱写新篇——新中国 75 年经济社会发展成就系列报告之二》，网址为 https://www.stats.gov.cn/zt_18555/ztfx/xzg75njjshfzcj/202409/t20240911_1956385.html。

当前，我国乡村基础设施建设和公共品服务日趋完善，村民基本生活保障得到极大改善，村民参与乡村建设的热情高。2021年，经济日报社对16个省份125个村庄的乡村建设情况开展调查。数据显示，道路交通、路灯、公共厕所、卫生医疗、农业用水、教育设施等都得到了关注和支持。以道路交通为例，村庄交通通达率有所提高，调查村庄的主干道路宽度平均为5.59米，村内硬化道路占全村道路总长度的比重平均为59.9%；村内通客运班车或公交车平均数量为5辆，有90.4%的受访者认为与过去相比，近5年来村里公共交通越来越便利。公共品服务供给水平也得到了一定的提升，居民获得医疗、养老、金融、就业等服务更加便利。

我国农村地区互联网基础设施建设全面发展。根据中国互联网络信息中心相关报告，截至2022年6月，农村地区互联网普及率达58.8%。据工业和信息化部统计，2022年我国农村地区开通5G基站80多万个，实现全国"村村通宽带"和"县县通5G"。农产品电子商务蓬勃发展，农产品网络零售增长显著。2022年，全国农村网络零售额达2.17万亿元，全国农产品网络零售额5313.8亿元。农村电商成为助力乡村振兴、巩固拓展脱贫攻坚成果的重要手段。

3. 推进农村基础设施建设

随着农村经济社会的快速发展和农民群众生产生活水平的日益提高，农民群众对农村基础设施建设和公共服务的需求也在不断增加，其中最为迫切的需求是建设提高农业生产条件的基础设施和改善民生的农村基础设施，包括农田水利、村内道路、自来水供给、污水处理、河道治理、垃圾收集处理、路灯亮化、电网改造、网络、有线电视等。

2024年中央一号文件指出，加强农业基础设施建设。坚持质量第一，优先把东北黑土地区、平原地区、具备水利灌溉条件地区的耕地建成高标准农田，适当提高中央和省级投资补助水平，取消各地对产粮大县资金配套要求，强化高标准农田建设全过程监管，确保建一块、成一块。鼓励农村集体经济组织、新型农业经营主体、农户等直接参与高标准农田建设管护。分区分类开展盐碱耕地治理改良，"以种适地"同"以地适种"相结合，支持盐碱地综合利用试点。推进重点水源、灌区、蓄滞洪区建设和现代化改造，实施水库除险加固和中小河流治理、中小型水库建设等工程。加强小型农田水利设施建设和管护。

推进农村基础设施补短板。完善农村供水工程体系，有条件的推进城乡供水一体化、集中供水规模化，暂不具备条件的加强小型供水工程规范化建设改造，加强专业化管护，深入实施农村供水水质提升专项行动。推进农村电网巩固提升工程。推动农村分布式新能源发展，加强重点村镇新能源汽车充换电设施规划建设。扎实推进"四好农村路"建设，完善交通管理和安全防护设施，加快实施农村公路桥梁安全"消危"行动。继续实施农村危房改造和农房抗震改造，巩固农村房屋安全隐患排查整治成果。持续实施数字乡村发展行动，发展智慧农业，缩小城乡"数字鸿沟"。实施智慧广电乡村工程。鼓励有条件的省份统筹建设区域性大数据平台，加强农业生产经营、农村社会管理等涉农信息协同共享。

农村基础设施建设痛点

近年来，我国农村基础设施和公共服务取得了长足进步，但与城镇相比，差距仍然较大，这方面的供给难以满足农民的需求。

1. 农业生产性基础设施建设不足

（1）农田水利设施建设不足

农田水利工程的建设和治理，从规划到决策，从投资到施工，从竣工到运营管理，其涉及部门多、占地范围广，是一个庞大的系统工程。目前，我国农田水利设施建设存在不足，主要表现在以下几个方面：

1）建设主体单一。农田水利设施的公共产品属性、外部性和公益性决定了其盈利的有限性，对社会资本吸引不足，而广大农户作为农田水利设施的受益者资金有限，这就决定了政府在农田水利建设中承担主要的投资责任。

目前，我国农田水利设施建设主要由政府主导进行，也即，从投入方面来讲，政府投入占比最大，社会资本及农民投入占比较小，这为各地农业生产和经济发展提供了非常重要的基础和保障。但如果只是依靠政府单方面的投资，民间投资力度不提升、民间投资的积极性不发挥，在地方政府财政压力大和中央严格管控地方政府隐性债务的背景下，长此以往，也会导致农村农田水利设施的建设与发展受阻。

2）建设与管理职责有待统一。农田水利设施具有公共属性。调研发现，在政府积极建设农田水利设施的实践过程中，出现了一些权责不分的问题，从而影响了农田水利的建设与使用。例如，中央政府与地方政府的权责划分不清晰，关于水井、小型水库、蓄水池等小型农田水利设施管理权限划分方面也比较混乱，这导致农田水利建设进度迟缓，不利于农业生产。

3）建设体制机制不健全。我国农业税改革后，地方政府的管理职权下放到村社集体中，但现实情况是村社集体在资金、人力以及技术等方面比较有限，导致国家花费大量人力物力建设的农田水利设施得不到有效维护与管理，既达不到最佳的利用效率，又造成资产的浪费。

4）监督机制不完善。农田水利设施建设监督机制的功能作用未能得到充分发挥，主要表现如下：一是监督主体单一，与农田水利建设利益密切相关的广大农民还没有参与到监督工作中；二是部分农民参与监督工作的意识不强、热情不高；三是农田水利设施建设监督渠道比较单一，广大公众缺少参与监督的机会；四是一些地区的农田水利设施建设资金流向不明确，政府或村委会没有帮助村民充分了解农田水利设施建设资金的来源、用途和流向等。

5）农户参与建设管理的积极性不高。作为农田水利设施建设最直接的受益者，广大农户必须高度重视农田水利设施建设，并积极参与到农田水利设施的建设与管理中，只有这样才能发挥农田水利设施的真正作用，提高农业生产力，增加农业生产经营的收入。随着农田水利设施的完善，农业生产抵抗自然灾害的能力会增强，农产品的产量会增加，品质会提高，广大农民的收入会提高。但调研发现，部分农户由于种种原因，对农田水利设施建设工作不关心、不重视，不积极主动参与农田水利设施建设。

（2）生鲜农产品冷链物流建设不足

生鲜农产品从产地开始，需要经过预冷、分拣、加工、包装、仓储、运输、配送等物流环节，最后送到消费者手中。为了保障生鲜农产品品质，延长其保质期，在整个物流过程中，生鲜农产品必须全程处于低温环境。但我国生鲜农产品冷链物流设施建设不足，生鲜农产品采摘后不能及时进行预冷、分拣、加工、包装，导致自然损耗巨大。目前，我国果蔬、肉类和水产品产地低温处理率分别仅为11%、52%、54%，果蔬产后损失率超过20%。对于生鲜农产品，目前我国常采用自然通风降温的方法对其进行预冷，与采用冷库预冷相比，自然通风降温的预冷方法耗时长且效果差。

我国生鲜农产品冷链物流设施建设不足的原因如下：一是冷库设施投资巨大，普通农户和一般农业生产经营主体虽有建设意愿但投资实力不够，即有需求意愿但建不起；二是多数生鲜农产品一年只收获一次，冷库设施建成后利用率比较低，淡季闲置的情况较普遍，投资回报率较差，导致很少有企业愿意投巨资在生鲜农产品产地建设冷库，这一点在农产品加工业发展水平一般的地方体现得尤其明显；三是虽然部分企业投资兴建了冷库设施，但为了节约成本，多数冷库设施没有配备预冷间对生鲜农产品进行预冷❶。据统计，我国超过80%的生鲜农产品不经预冷就直接采用常温方式进行仓储和运输，从而在后续的物流环节中造成极大的产品损耗。

2. 农村生活性基础设施建设不足

经过多年的发展，我国乡村基础设施建设成效明显。以农村公路为例，截至2022年，全国农村公路总里程已达453万公里，等级公路比例达96%。6亿农民"出门硬化路、抬脚上客车"正在成为现实。再以宽带互联网为例，截至2021年11月底，我国现有行政村已全面实现"村村通宽带"，打通了广大农村接入数字经济时代的"信

---

❶ 预冷是指在鲜活农产品采摘或采收后，通过一定的降温措施，将农产品温度迅速降至最佳储存温度以下，以达到保证农产品品质和延长保鲜期的目的。因此，对于生鲜农产品的冷链物流，预冷是至关重要的一个环节。

息大动脉",贫困地区通信难等问题得到了历史性解决,为全面推进乡村振兴、加快农业农村现代化提供了坚实网络支撑。工业和信息化部累计支持全国13万个行政村光纤网络建设和6万个农村4G基站建设,其中1/3的任务部署在贫困地区,推动行政村、贫困村、"三区三州"深度贫困地区通宽带比例分别从不足70%、62%、26%全部提升到100%,农村光纤平均下载速率超过100Mbps,农村及偏远地区通信基础设施水平显著提升。

但由于历史和经济等方面的原因,我国农村基础设施总体看仍比较薄弱。调研显示,目前还有不少村到村、村到组的道路仍是泥土路,农民出行不便。在部分农村地区,没有纳入垃圾收集系统,垃圾随意倾倒,脏、乱、差现象严重,不仅污染生态环境,而且容易导致河道淤塞,水质恶化,直接影响农民的生产和生活用水。部分农村缺少文化娱乐场所和必要的体育设备,农村文化娱乐生活方式相对单一。部分村级卫生室基础设施落后,服务条件简陋,医疗水平不能适应广大农民的需求。托儿所、幼儿园、养老院严重不足。

3.农业基础设施建设怪相

实践中,部分地区在农村基础设施建设方面从一个极端走到另一个极端,即为了搞好本地基础设施建设和整治乡村旅游环境,不顾本地经济社会发展的实际情况,盲目参照大城市的"大马路、大广场、大绿地",乱砍滥伐、推山挖塘、填坑垒山,大肆修建水泥路、大广场、公园、绿地等。事实上,这种"高大上"的建设与乡村的经济发展、人口规模并不相适应,老百姓也并不赞同。

事实上,很多过于超前的基础设施建设大都在"晒太阳",使用率很低，既占用了有限的建设用地，又影响了乡村产业的发展。不仅如此，有的地方为了美化乡村环境、发展乡村旅游，还在乡村的公园和绿地上种上了城里常见的常青树和花海，不仅失去了乡村自然闲适的真正味道，而且破坏了河道、农田的生态自然，可谓得不偿失。

高标准农田建设将带动投资逾3万亿元

2021年9月，农业农村部印发《全国高标准农田建设规划（2021—2030年）》，提出到2030年，我国要建成12亿亩高标准农田，以此稳定保障1.2万亿斤以上粮食产能。2023年，中央财政安排920亿元支持新建和改造提升高标准农田8000万亩，新建4500万亩，同时改造提升3500万亩。全国高标准农田建设亩均投资一般应逐步达到3000元左右。到2030年，12亿亩高标准农田预计将带动投资3.6万亿元。可以说，我国高标准农田建设正迎来万亿级大市场。

下面以湖北省某市建设高标准农田规划为例作详细说明。

【案例1-1】

湖北省×市建设高标准农田规划

一、规划背景

高标准农田建设是保障国家粮食安全的重要基础，推进农业产业融合发展的重要保障，2021年中央一号文件要求"实施新一轮高标准农田建设规划",并要求强化规划引领,建立国家、省、市、县四级建设规划体系。

2021年9月,农业农村部印发《全国高标准农田建设规划(2021—2030年)》,提出到2030年,我国要建成12亿亩高标准农田,以此稳定保障1.2万亿斤以上粮食产能。

2022年4月,湖北省农业农村厅印发《湖北省高标准农田建设规划(2022—2030年)》,提出到2030年,湖北省累计建成高标准农田5309万亩,2022—2030年新建高标准农田1329万亩,提质改造1264万亩。将建设任务分解落实到市、县,市级建设规划重点提出区域布局,确定重点项目和资金安排。县级建设规划要将各项建设任务落实到地块,明确时序安排。

二、发展形势

根据2020年变更调查数据,湖北省×市土地总面积为8904.46平方公里,耕地面积39.04万公顷(585.62万亩),占土地总面积的43.84%,其中水田373.29万亩、水浇地72.11万亩、旱地140.22万亩。

2011年以来,×市已建成高标准农田面积369.48万亩,农田基础设施和农业生产条件明显改善,防灾抗灾减灾能力大幅增强,粮食综合生产能力得到显著提升,为稳定和提高粮食生产能力提供了坚实基础。

随着农业现代化不断推进,×市高标准农田主要存在建设空间受限、投资渠道单一、建设标准不高、技术人才欠缺、后期管护不够等五方面问题,投资效益未能得到充分发挥。×市农业农村局委托专业规划团队编制《×市高标准农田建设规划(2022—2030年)》。

三、总体要求

（一）建设目标

结合区域实际情况，规划提出到2030年，累计建成高标准农田446.31万亩，2022—2030年新建高标准农田76.83万亩，改造提升高标准农田126.18万亩。

（二）建设内容

围绕田、土、水、路、林、电、技、管八个方面内容，提升农田生产能力、灌排能力、田间道路通行运输能力、农田防护与生态环境保护能力、机械化水平、科技应用水平、建后管护能力，建成"田块平整、集中连片、设施完善、节水高效、农电配套、宜机作业、土壤肥沃、生态良好、抗灾能力强，与现代农业生产和经营方式相适应的旱涝保收、稳产高产的耕地"。

（三）建设分区

按照湖北省高标准农田建设四大分区的分类，×市根据区域气候特点、地形地貌、水土条件等因素分为三类，即平原农区、岗地农区和丘陵农区。

四、投资标准

根据×市的三类农区实际情况，进行重点内容建设，抓好农田配套设施建设和地力提升，确保工程质量与耕地质量，结合地方财政状况和融资能力等条件，在规划期内逐步提高亩均投资，达到3000元/亩。经估算，2022—2030年全市规划高标准农田建设总投资约52亿元。

再以甘肃省×县2023年高标准农田建设项目为例作出说明。

【案例1-2】

甘肃省×县2023年高标准农田建设项目

一、建设规模及概算投资

（一）实施范围

项目涉及×个乡镇×个行政村，×户×人。

（二）建设规模

新建高标准农田×亩，改造提升高标准农田×亩。

（三）概算投资

项目规划总投资×万元（其中：中央和省级财政资金×万元，县财政配套资金×万元）。

（四）建设内容

1.田块整治工程×亩，全部为田块修筑。

2.农田地力提升工程×亩（其中：机械深耕×亩、增施商品有机肥×亩）。

3.高效节水灌溉工程×亩（其中：新打机井×眼，新建水塔×座、管理房×间，维修机井×眼、水塔×座、管理房×间、大口井×眼，埋设灌溉管道×公里，配套给水栓×个、闸阀井×座、泄水井×座，实施管道穿路工程×处）。

4.田间道路工程总长×公里，配套修建混凝土边沟×公里，新建漫水桥×座。

5.农田输配电工程架设10kv高压输电线路×公里、380v低压输电线路×公里，安装100kVA变压器×台、远程负控装置×套。

6.实施沟头防护工程×处。

7.推广玉米良种种植×亩。

二、建设期限

项目建设期限为2023年4月至2023年11月。

设施农业带来万亿投资机遇

2023年中央一号文件重点提到发展设施农业，加快粮食烘干、农产品产地冷藏、冷链物流设施建设。集中连片推进老旧蔬菜设施改造提升。推进畜禽规模化养殖场和水产养殖池塘改造升级。在保护生态和不增加用水总量前提下，探索科学利用戈壁、沙漠等发展设施农业。鼓励地方对设施农业建设给予信贷贴息。

1.万亿农业设施改造资金

专家指出，未来十年，我国将向农业农村领域提供15万亿元的改造资金，仅农业设施改造就会有上万亿的市场需求。

2.设施农业市场机遇

万亿元投资进入设施农业的改造，将会带来哪些市场机遇？一是钢铁行业，以每亩温室大棚改造需要2吨钢材计算，4000万亩温室大棚就需要8000万吨钢材，产值约6000亿元；二是水泥生产厂商，按每亩温室大棚改造需0.5吨水泥计算，4000万亩温室大棚改造就需要2000万吨水泥；三是大棚施工建筑厂家以及挖掘机等工程机械厂家；四是大棚建设辅料生产商，如大棚卷帘机生产商、大棚棉被生产商等；五是设施农业智能化设备及软件开发企业，如智能感应自动控温系统、水肥一体化自动控制系统等；

六是园艺师等农业技术人员，好的设施需要懂技术的人才来操作，园艺师的工资和待遇将会提高；七是广大农民会参与到设施改造中，先进设施会提高农产品产量与品质，农民收入将会增加；八是大量温室大棚建设、运营和农产品销售，有利于解决地方劳动力就业，推动地方经济发展。

3. 各地大力发展设施农业

目前，我国各地大力发展设施农业，成效显著。

下面以贵州省贵阳市设施蔬菜保供基地项目为例作出说明。

【案例1-3】

贵州省贵阳市设施蔬菜保供基地项目

一、项目背景

近年来，贵州省将蔬菜产业纳入省十二大特色优势产业，由省领导领衔推进具有区域优势的夏秋喜凉蔬菜、城市保供蔬菜以及反季节蔬菜的发展。为解决蔬菜产业规模化程度低、集约化育苗程度低、基层农技推广力量薄弱、设施配套滞后等问题，贵阳市以市农业投资公司为载体，通过实施规模化、标准化、设施化的高标准蔬菜保供基地项目，探索建立"政府主导、市场运作、多元合作，政企联合"的工作机制和存量增量相结合、升级改造与新建扩建共推进的建设机制，在贵阳市内及周边市域建设3.2万亩"菜篮子"保供基地。

二、建设内容

项目自2019年实施以来，共建设高标准设施蔬菜保供基地3.2万亩，其中贵阳市2.5万亩，周边城市0.7万亩。建设内容以连栋育苗薄膜温室、连栋生产性薄膜温室、水肥一体化喷滴灌工程为主，同时配套水电路网基础设施。具体为：建成年产1亿株种苗繁育中心2处，年产7万吨生物菌肥厂1座，各片区田间采后处理中心（田间冷库）9处，年产600万棒（袋）食用菌菌种保供中心1处，2万平方米农产品运营中心（集货分销）1个。

目前，各蔬菜基地、育苗中心、采后处理中心已投入运营；生物菌肥厂、食用菌菌种保供中心投入试运营；贵阳市农产品物流园2万平方米农产品运营中心（集货分销）已完成主体工程建设。

三、投融资模式

项目计划总投资33.17亿元，其中：企业自筹资金11.62亿元，银行贷款20.55亿元，农业基金投资1亿元。

项目实施主体为贵阳农投集团下属子公司贵阳市菜篮子集团有限公司，由贵阳农投集团整合贵阳区县各类涉农资金4.12亿元，市级财政连续5年每年注入资本金1.5亿元，共计7.5亿元，共同注入贵阳市菜篮子集团有限公司，用于土地流转、引种试验、土地改良和试运营期生产经营。以贵阳市菜篮子集团为承贷主体，申请银行贷款20.55亿元，融资期限12年，年化利率约为4%，还款来源为企业经营性收入，以固定资产进行抵押担保，获得市级财政贴息。贵州省农业基金采取增资扩股的方式投资1亿元，融资期限10年，还款来源为企业经营性收入，到期回购。

四、运营模式

（一）融资机制

项目依托贵阳农投集团国资背景及实体化运作的产业平台优势，通过分析设施农业项目中资金需求、多种融资渠道的特性和共性，探索出"政府支持与金融、社会资本结合的多元化融资"模式，在积极争取财政资金投入的同时探索市场化资金配置，多渠道筹集设施农业项目建设资金，充分满足了本项目资金需求。

（二）运行机制

项目以夏秋喜凉蔬菜和城市保供蔬菜为重点，因地制宜规划布局，利用贵州省蔬菜种植日照少、生长慢、菜味足的特点，建设设施化、标准化、规模化的蔬菜保供基地，打造蔬菜产业"产、供、销"一体化示范标杆。

一是紧紧围绕农产品保供，紧扣规模化布局、标准化生产、产业化营运，通过"公司＋合作社（大户）＋农户"生产组织方式，在巩固提升保供能力的同时，充分带动农户增收。

二是在保障本市"菜篮子"供应的基础上，以推进"黔菜出山"为抓手，逐步构建多元化销售渠道，强化生产部门与销售部门产销工作调度和对接，通过"公司＋省内外基地"合作，开拓省内外销售市场。

三是围绕延链、补链、强链、扩链，以市场为导向，实施"突破加工业"行动，提升农业产业发展附加值和经营效益。

下面以山东垦源智慧农业产业园项目为例作出说明。

【案例1-4】

山东垦源智慧农业产业园项目

山东垦源智慧农业产业园项目是山东省兰陵县委、县政府实施蔬菜产业升级的重要举措。项目采用"1+x"发展模式，核心园区占地约800亩，主要包括智能化标准化蔬菜生产区、工厂化种苗生产区、自动化分拣物流包装区、高科技展馆旅游展示区、"1+x"模式展示推广区、职业农民培训和办公配套区等六大功能区。

项目规划建设智能化玻璃温室141678平方米，工厂化种苗生产区及配套设施71380平方米，控制中心7296平方米，自动化分拣物流包装车间8105平方米，农业高科技展示馆20988平方米，12米跨装配式双膜日光温室7966平方米，18米跨双膜拱棚12649平方米，处理车间2736平方米，培训中心及办公配套等设施约4310平方米，总设施面积近300000平方米。

项目将打造全国一流，集智能化生产、标准化育苗、自动化包装物流、高科技展示、科技培训与推广、三产融合为一体的现代化高科技示范产业园。园区采用现代农业高新技术、先进的设施设备、完备的产业链供应服务体系，大力推广和辐射带动周边园区、合作社、种植户等。

项目采用先进的生产模式、种植技术、设施设备以及管理理念，高产量、高品质、高效益，蔬菜种植科学化、加工物流信息化、食品溯源安全化，实现农业园区可持续发展、合作社良性运作和种植户增收增效的目的。

再以山东绿沃智慧农业示范园项目为例进一步说明。

【案例1-5】

山东绿沃智慧农业示范园项目

山东绿沃智慧农业示范园项目由山东省兰陵农垦实业总公司和浙江省台州绿沃川农业有限公司共同投资建设，项目总占地面积364.88亩，其中一期设施农业项目占地341亩，二期配套优质农产品深加工项目占地 23.88 亩。

项目一期为设施农业项目，采用连栋玻璃温室、连栋薄膜温室、自动化播种流水线、自动化移苗流水线、水肥一体化自动控制系统、智能化温室气候监控系统、自动化物流系统、自动化下苗与收割系统、可升降栽培床等现代生产设施设备；采用分级精包装区、贮藏保鲜冷库区、产品展销交易区等产品初加工设施，并建立相应的科技服务体系，拥有农业科普用房及相关配套设施，满足各类农业技术培训和产品技术展示的硬件要求。

项目二期为配套优质农产品深加工项目，坚持智慧、创新的城市建设理念，以完善硬件设施为基础，通过"一云多端"智慧系统，实现市场管理、服务和监督的信息化、网络化、规范化和现代化。

在硬件方面，项目打造建设一体化、配置统一化、管理便捷化、数据公示集约化、支付手段多样化的新模式。同时，采用现代设计理念，引用 VIS（企业视觉识别系统），高起点、高规划，融入电子商务和现代冷链物流的元素，致力打造综合性、现代化的国家一级综合性深加工企业。

项目采用先进的"农业种植 + 工业化生产 + 观光旅游 + 科普教育"的四位一体综合模式，实现了农业、观光、旅游和研学的完美结合。

第2章

农业生产性基础设施建设重点

优势特色产业集群基础设施建设

乡村振兴重点产业圈在县域。

目前，我国基本形成了乡村振兴四大产业圈，从大到小来讲，一是以优势特色产业集群为代表的大型经济圈，优势特色产业集群基本涉及一个省的两三个县区；二是以国家现代农业产业园为代表的中型经济圈，主要在县域；三是以农业产业强镇为代表的小型经济圈，主要在镇域；四是以"一村一品"示范村镇为代表的微型经济圈，主要在村域。

优势特色产业集群突出产业环节串珠成线、连块成带、集群成链，建设主导产业突出、规模效益显著、产业链条健全、综合竞争力强的产值超100亿元优势特色产业集群，建设一批产值超1000亿元的骨干优势特色产业集群，打造乡村产业区域增长极和产业高地。2020年，我国批准建设50个优势特色产业集群，中央财政对批准建设的优势特色产业集群进行适当补助。

优势特色产业集群涉及多项基础设施建设。下面以广西蚕桑优势特色产业集群项目为例作出说明。

【案例 2-1】

广西蚕桑优势特色产业集群项目

一、项目介绍

蚕桑产业是我国传统优势产业，历史悠久。我国是世界最大的茧丝生产、出口大国，蚕茧、生丝产量约占全世界的80%。"十五"以来，随着国家"东桑西移""东丝西移"的加快推进，以广西为代表的中西部地区蚕茧、生丝产量大幅提升。2020年，广西蚕茧、生丝产量分别约占全国的55%、35%，形成了"世界蚕业看中国、中国蚕业看广西"的发展新格局。"十三五"期间，蚕桑产业助力脱贫攻坚成效显著，广西54个贫困县有46个种桑养蚕，为当地农民增收、县域经济发展和脱贫攻坚作出了重大贡献。

河池市是全国蚕桑生产第一大市，桑园面积93.14万亩、蚕茧产量13.98万吨，分别占广西的31.23%、37.13%。宜州区是全国蚕桑种子种苗、蚕茧生产、茧丝加工、蚕具生产加工、商贸物流的集散地，辐射带动了周边的环江、罗城、金城江、东兰、凤山、忻城、象州等县（区）蚕桑产业发展，种养、加工、商贸等产业链完整，形成了以蚕桑产业为主导产业的集群区，产业影响带动能力强。

为贯彻落实2020年3月发布的《农业农村部办公厅 财政部办公厅关于开展优势特色产业集群建设的通知》（农办计财〔2020〕7号）

文件精神，着力打造广西蚕桑优势特色产业集群，推进桑蚕产业高质量发展，巩固拓展脱贫攻坚成果，助推乡村振兴，决定选择河池市和来宾市的宜州、环江、罗城、金城江、东兰、凤山、忻城、象州8个县（区）实施广西蚕桑优势特色产业集群项目。

二、优化公共服务中心

广西蚕桑优势特色产业集群完善8个县（区）农业综合服务中心和乡镇综合服务站，建立农村综合产权交易市场，搭建集群区农业政务平台、桑园管理数据平台、农产品营销服务信息平台、新型农业经营主体信息直报平台等，提升公共服务能力，加强新型职业农民培训。对集群区现有农业技术推广服务体系进行升级改造，完善办公场所、改善办公条件、加强队伍人员素质提升，增强基本服务能力。加强8个县（区）集群区水电路基础设施建设，从城市或稳定水源地铺设供水管网，解决丝绸工业园区内所有厂房的消防和生产用水问题；改造提升供电主干线路承载能力，确保能承受蚕桑加工园区用电需求。沿村水系整治，对沿水的竹林和绿色植物进行整治提升。

三、提升优质原料茧基地强基工程

以产业集群区域内现有蚕桑生产基地为基础，建立示范基地，加大技术示范，推广先进实用蚕桑生产新技术；加强蚕房、桑园等基础设施建设，改善生产条件；推进生产模式创新，开展适度规模化生产，强化龙头企业联农带农机制，形成"龙头企业＋农民合作社＋家庭农场＋基地＋农户"的高效经营组织生产模式，推进标准化生产，提高养蚕成功率、劳动工效和蚕茧质量，确保蚕农收益，进而提升蚕桑产业的整体效益。

1. 标准化蚕桑生产示范基地建设项目。以产业集群区域内蚕桑主产乡（镇）为单位，建设标准化蚕桑生产示范基地，加大桑园、蚕房等基础设施建设，集成蚕桑新品种、新技术、新机具，开展蚕桑标准化生产技术示范，带动区域内蚕桑生产技术进步。

2. 丝绸工业园区基础设施建设项目。以宜州区、环江毛南族自治县、忻城县为重点加强丝绸工业园区建设，强化用地、环保、人才、技术和政策等要素保障，加强园区道路、厂房、用电、用水和环保等基础设施建设，加大宜州丝绸特色工业园区、环江丝绸工业园区、忻城县三江口茧丝绸产业园建设，围绕茧丝绸深加工发展的关键环节，以"抓龙头带配套"的发展思路，重点引进织绸、印染、服装、家纺等中下游企业入驻工业园区，形成茧丝绸深加工产业集聚效应，打造西部最大的茧丝绸全产业链集聚区。

3. 标准化小蚕共育室建设项目。以区域内蚕桑主产乡（镇）为单位，至少建设1个以上标准化小蚕共育室，支持小蚕共育专用桑园、蚕房等基础设施建设，购置自动化小蚕共育机、温湿度控制器、消毒机、蚕具等仪器设备，开展标准化小蚕共育，供应强健优质四龄小蚕，示范带动小蚕共育技术提升，为蚕茧高产高质提供保障。

现代农业产业园基础设施建设

作为发展现代农业的重要抓手，现代农业产业园的作用越来越突出。

相比传统的产业园区，集生产、加工和科技于一体的现代农业产业园是现代农业的展示窗口，是农业科技成果转化的孵化器，是生态型安全食品的生产基地，是现代农业信息、技术、品种的博览园，是提高农村经济效益和农民收入的必然选择。

1. 现代农业产业园基础设施建设意义重大

基础设施建设必须从现代农业产业园的建设初期抓起。实践中，要依据园区农业产业布局，建设集中连片、绿色循环、优质高效的原料生产基地，推动土地集中整理，完善基础设施条件，实现田网、水网、电网、路网互联互通。

现代农业产业园基础设施建设主要包括道路、水利、环境治理等。基础设施建设必须从现代农业产业园的初期就开始规划，它是园区发展的物质根基，是未来园区运营（生产、加工、营销等）的保障。

现代农业产业园要充分重视基础设施的作用，务必加强对基础设施建设的监督与管理，为园区今后的发展夯实根基。例如，被纳入我国首批 20 个国家现代农业产业园认定名单之一的四川省眉山市东坡区现代农业产业园，其主要做法是建设大基地、培育大品牌、强化科技支撑推进利益共享。园区内农田基础设施按照"田成方、土成型、渠成网、路相通、沟相连、旱能灌、涝能排、土壤肥、无污染、旱涝保收"标准规划建设。

下面以某现代农业产业园项目为例作出说明。

【案例 2-2】

×现代农业产业园项目

×现代农业产业园项目所在地建设前基础设施条件落后，灌溉面积只有一半左右，其中井灌面积占 50%，渠灌、塘堰各 25%，渠灌、塘堰又受到上游来水时间限制，难以保障及时用水，农田对降雨的依赖性高，靠天吃饭的局面仍未改变。道路等级明显偏低，行政村与自然村之间的道路毁坏较多，阴雨天气泥泞难行。此外，电力、燃气、通信、排水、消防、环卫等生产生活基础设施处于较低水平或空白。以上种种不足阻碍了当地农业的发展，也影响了农民的生产生活。

基础设施是现代农业建设的首要任务。在对项目区农业基础设施现状分析评估的基础上，当地政府制定了土地利用整体规划，土地整理规划，道路体系规划，水利体系规划，供电体系规划，林地、林网与绿化规划和通信体系规划。

项目基础设施规划以资源为基础，以市场为导向，以适度规模发展为重点，坚持多规合一，确定省资源、强功能、促产业、保生态、美环境的综合规划思路：一是道路交通。改善园区对外交通条件，改建新建园区原有部分道路为环路，形成园区的干路体系。布局园区新村、养殖小区和双创园的内部道路，提高生产生活道路的整体水平。逐步推行规模经营，减少田间道路所占比重。二是供水排水。完善人畜饮用水源治理，优化完善供水系统，保障人畜饮水安全。完善园区渠系管路，提升园区灌溉覆盖率到100%。清淤挖塘修堰，增加园区水资源容量。采用节水灌溉技术，提高水资源利用效率。减少降水外泄，采取生物吸附等手段处理过境生活污水。大力宣传节水理念，组建专业灌溉公司，推动水资源科学管理。三是供电燃气。增加园区供电能力。相应增加输电线路长度，满足园区生活生产用电需要。四是绿化美化。规划将维护利用好道路绿地，将知青林场改建为森林公园，保留并利用现状植被，增加乡土植物面积，形成配置较为合理的绿化体系。五是通信体系，电信工程采用地下管道敷设通信电缆，一般布置在人行道下。通信电缆均采用单模或多模光缆，其他电信线路根据设备要求配用控制电缆或屏蔽电缆。市话业务配置满足普及率100%要求。六是垃圾污水。规划园区生活垃圾采取分类收集系统收集转运，生产垃圾作为有机肥生产原料处理。园区生活污水采用一体式装置处理。生产污水结合沼气和有机肥生产综合利用。

项目采用边建设边运营方式，集中建设期2年。2017—2019年，开展产业园建设，重点建设产业园农田基础设施，园区内水电路网等基础设施，建设×亩绿色果蔬生产基地，建成×亩配套产业设施，包括综合办公区、产品研发中心、果蔬生产加工中心等项目配套产业。2019—2020年，建设农业科技文化公园及旅游公共设施、牛羊养殖园区、农业公共服务设施，包括农产品批发市场、电子商务区等。扩大果蔬种植规模。

2. 现代农业产业园基础设施建设成效显著

近几年，农业农村部、财政部持续开展国家现代农业产业园创建工作。中央财政通过以奖代补方式对创建的产业园给予适当支持，申报成功扶持资金一般达上亿元，产业园区可以获得还林造林补贴、水电路补贴、农机购置及更新补贴、土壤改良及提升补贴、基建补贴等红利。

下面以某国家现代农业产业园项目建设为例作出说明。

【案例 2-3】

×国家现代农业产业园项目

一、基本情况

×国家现代农业产业园主导产业为谷子种业。2019年，种业产值3.55亿元，带动产业园总产值17.95亿元，占全区农业总产值70%以上。产业园内农民可支配收入达19415元，比园外农民人均可支配收入高出30.8%。带动就业人数3.3万人。产业园创建范围涉及7个乡镇、108个行政村，耕地面积26.3万亩；园区农业人口8.26万人，占全区农业总人口的27.1%。建设时间为2020—2022年。

二、建设内容

1. 项目一期（2020—2022年）

项目一期工程计划投资18.6亿元，重点工程如下：

（1）园区综合服务中心；

（2）博士后工作站；

（3）创业服务中心；

（4）品牌孵化中心；

（5）农产品质量检测中心；

（6）科创大厦；

（7）种业加工基地；

（8）50家以上落户企业；

（9）逐步形成种养循环产业链。

2. 项目二期（2021—2022年）

项目二期工程计划投资50亿元，重点工程如下：

（1）种业交易中心；

（2）信息服务中心；

（3）种质资源中心；

（4）种业仓储中心；

（5）金融服务中心；

（6）教育培训基地；

（7）大、中、小型企业产业园区；

（8）科研专家公寓；

（9）100家以上落户企业；

（10）北方旱作农牧业全产业链示范基地。

×国家现代农业产业园建设项目表

序号	产业基地	重点项目	重点工程	土地性质
1	总部科创基地	围绕种业的科研平台建设	科研中心	建设用地
2			检测中心	建设用地
3			数据中心	建设用地
4			种业科研基地配套基础设施建设	建设用地
5			建设用地征地费用	建设用地
6		园区创新创业公共服务平台	园区品牌推广	建设用地
7			数字农业融合产业示范园	设施农用地
8			博士后工作站	建设用地
9			创业服务中心	建设用地
10			产业园的基础设施建设	建设用地

续表

序号	产业基地	重点项目	重点工程	土地性质
11	延伸产业基地	谷草研发应用基地	谷草研发加工基地	建设用地
12			谷草推广应用基地	农业用地
13				农业用地
14		特色种养成项目	特种猪养殖基地	农业用地
15			种猪引进项目	设施农用地
16			奶牛养殖基地	农业用地
17				农业用地
18			肉牛育肥项目	农业用地
19			蛋鸡养殖基地	农业用地
20			肉鸡扩繁项目	设施农用地
21			农业生猪养殖基地	农业用地
22			富硒奶牛养殖项目	农业用地
23			猪场扩繁项目	农业用地
24			农业高端有机蔬菜种植基地	农业用地
25			现代葡萄产业园	农业用地
26			深耕粉碎松土机项目	农业用地
27			高端羊肉养殖基地	设施农用地
28			特级种羊引种项目	设施农用地
29		废弃物综合利用	生猪养殖及资源化利用项目	设施农用地
30		交易中心	农产品交易市场	建设用地
31		农产品质量检测	农产品质量检测实验室	建设用地
32		土地规模化经营	土地规模化经营	农业用地

续表

序号	产业基地	重点项目	重点工程	土地性质
33	延伸产业基地	文旅科普基地	尚谷园	建设用地
34			科普中心	建设用地
35				建设用地
36			科普教育示范基地	建设用地
37			黄羊山研学教育基地	农业用地

再以内蒙古赤峰市敖汉旗现代农业产业园项目为例作出说明。

【案例2-4】

内蒙古赤峰市敖汉旗现代农业产业园项目

一、项目介绍

"敖汉"系蒙古语,汉语为"老大、大王"之意。清崇德元年(1636年)建制敖汉旗,现属内蒙古自治区赤峰市。敖汉旗位于赤峰市东南部,地处中温带,属于大陆性季风气候,是典型的旱作雨养农业区。独特的气候条件,不同的土壤类型及其含有的丰富而均衡的有机质、铁磷硒等矿物质,为小米的生长提供了充分的营养,使以小米为重点的敖汉杂粮生产更具地方特色,赢得了"敖汉杂粮,悉出天然"美誉,是国家有机农产品创建示范区。敖汉旗是世界旱作农业的起源地,2012年,敖汉旱作农业系统被联合国粮农组织列为"全球重要农业文化遗产",并被正式命名为"全球重要农业文化遗产保护试点"。2013

年，敖汉旱作农业系统被农业部列为第一批中国重要农业文化遗产。

敖汉旗农牧业品牌独具特色。全旗耕地面积400万亩，杂粮生产是种植业中的优势产业，其中小米是仅次于玉米的第二大作物，也是第一大杂粮作物，每年种植面积都在90万亩左右，产量4亿斤以上，原粮产值超10亿元。全旗龙头企业180多家，年加工销售1亿斤，产品附加值6亿元以上。

2013年5月，"敖汉小米"被国家质监总局批准为"国家地理标志保护产品"。2014年7月，敖汉旗被中国作物协会粟类作物专业委员会授予"全国最大优质谷子生产基地"称号。2014—2018年，敖汉旗连续举办五届世界小米大会，兴隆沟、八千粟、孟克河、禾为贵等多个"敖汉小米"品牌获国家级金奖，并亮相意大利米兰世博会，敖汉旗被誉为"世界小米之乡"。2015年，敖汉小米、敖汉荞麦、敖汉苜蓿、敖汉鲜蛋、敖汉毛驴、敖汉北虫草获批"国家地理标志证明商标"。2016年，成立了内蒙古谷子（小米）产业技术创新战略联盟、内蒙古禾为贵小米研究院、内蒙古阜信源"万年猪"研究院、内蒙古天龙驴产业研究院。

内蒙古赤峰市敖汉旗现代农业产业园以敖汉旗境内出产的敖汉小米为主导产业，驴产业及其他产业为补充。

二、建设内容

1. 提升产业园营销物流信息化水平

全力推进流通方式创新，完善电子商务基础设施，在巩固历史销售渠道的同时，充分利用互联网优势，建成自己的电商销售平台，完成"敖汉小米"的品牌整合与打造，实现区域公共品牌的价值提升。

结合国家电子商务进农村综合示范项目，积极挂靠淘宝、天猫、京东等知名网销平台，以开设敖汉特产（小米）网店、"敖汉小米"官方旗舰店等措施推动农产品上行;扶持培育300家以"敖汉小米"为主的杂粮电商企业,实现生产者、经营者与消费者由"面对面"到"键对键"的转变,缩短商品流通过程。

2. 产业园基础及配套设施建设

根据《农业部 财政部关于开展国家现代农业产业园创建工作的通知》,中央财政将根据产业园的规划面积、园内农业人口数量、地方财政支持情况等因素,通过以奖代补方式对批准创建的国家现代农业产业园给予适当支持。敖汉旗出台了《敖汉旗鼓励农业结构调整指导意见》,旗财政拿出1000万元作为撬动资金,引导、鼓励新型经营主体调结构、种有机、推良种。同时,加大产业园基础及配套设施建设投入力度,提升产业园集聚力、承载力。各类农业农村发展资金积极向产业园倾斜。整合农业产业发展、农业综合开发、乡村道路、土地治理、水利工程、美丽乡村建设等各类涉农投资及项目,支持现代农业产业园建设。各级财政支农资金优先向现代农业产业园集中安排,基本建设项目优先向现代农业产业园集中布局。完善财政扶持机制,采取以奖代补、先建后补、贷款贴息等形式,支持产业园标准化生产基地建设,支持服务产业园的农产品加工基地和物流配送中心建设。积极探索财政农业发展资金用于贷款贴息,充分发挥财政资金杠杆作用。

此外,积极争取国家、内蒙古自治区资金投入,调整、优化谷子产业资源配置方式,鼓励龙头企业和社会资本参与产业园建设和运营,建立以财政资金补助为杠杆、企业和社会资金广泛参与的投入机制。探索利用专项债券、政府购买服务、PPP(政府和社会资本合作模式)、涉农贷款贴息、专项建设基金等财政支农新方式,撬动金融资本、社会资本100亿元投向产业园。

农业科技园区基础设施建设

目前，我国实现现代化最大短板在农业，最大短腿在农村。实施乡村振兴战略，就是推进农业农村的现代化。农业现代化的关键在科技进步，科技创新在推进乡村振兴战略中发挥着关键作用。

建设国家农业科技园区是党中央、国务院提出的一项重要任务。园区建设与管理要坚持"政府主导、市场运作、企业主体、农民受益"的原则，集聚创新资源，培育农业农村发展新动能，着力拓展农村创新创业、成果展示示范、成果转化推广和高素质农民培训四大功能，强化创新链，支撑产业链，激活人才链，提升价值链，分享利益链，把园区建设成为现代农业创新驱动发展的高地。截至2020年底，全国国家农业科技园区已建成核心区面积达1388万亩，其中：东部园区已建成核心区面积共394万亩，中部园区共601万亩，西部园区共393万亩。

经过多年发展，国家农业科技园区逐渐形成了政府主导型、企业主导型和科研单位主导型三种主要运营模式。其中：政府主导型园区数量占81%，企业主导型园区数量占12%，科研单位主导型数量占4%，其他主导型园区数量占3%。截至2020年底，我国国家农业科技园区共有科技企业孵化器709个，面积1209万平方米；全国104家园区共建设228个"众创空间"，188家园区构建了454个"星创天地"。

目前，全国各园区在科研创新活动方面保持良好的发展势头。各地区专利授权数占比大体保持一致。2020年，东、中、西部园区的专利授权数量分别为6543项、6343项、6260项，占全国总数量的34.17%、33.13%、32.70%。2020年，全国国家农业科技园区农民人均可支配收入均值21887.12元，超出园区所在地级市农民人均可支配收入15.20%。其中：东部园区农民人均可支配收入均值24521.48元，超出平均值17.76%；中部园区农民人均可支配收入均值22057.51元，超出平均值10.57%；西部园区农民人均可支配收入均值19512.26元，超出平均值16.27%。

基础设施建设是农业科技园区的一项重要内容，对农业科技园区发挥科研示范、项目孵化、成果转化等起着重要的作用。

下面分别以某省级农业科技园区基础设施建设项目、某县现代农业产业园基础设施建设项目及某智慧农业园区基础设施建设项目为例作出说明。

【案例2-5】

×省级农业科技园区基础设施项目建设

一、基础设施建设情况

1. 供电

建设110千伏高压配电站，采用双电源供电。高低压输电线路5公里，变压器13个，总变压容量1.5千伏安，可以满足科技园区开发需要。

2. 供水

项目核心区有深水井18眼，自备储水罐，全部实现了高效节水灌溉，确保旱涝保收。

3. 排水

项目建设了完善的水利排灌系统。生活污水经园区化粪池处理后，与生产废水排入园区污水处理站进行处理，处理达标后进行循环利用，达到节约成本降低能耗、保护环境的目的。

4. 邮电、通信

项目拥有现代化的通信设施，信息网络完备，通信十分顺畅，有线电话基本普及，宽带网络已开通，邮电、通信有保障。

5. 道路

园内现有硬化农耕路2条，县乡路2条，省路1条，总长约5公里。北距雄安新区核心区30公里，紧邻大广、保沧高速，交通便利。

6. 科研、加工和办公

项目建设用地100亩，建设办公楼、研发室、质检室、农产品加工区、农产品展示区、仓储物流区等多个功能区。园区拥有种子加工设备，保证生产的种子质量高于国家标准。实验室设备配套齐全，能满足生产加工应用。新建智慧农业管理控制中心，该中心集数字化信息管理于一体，以园区核心区网络光纤、传感器、无线通信网络、物联网中控中心、环境数据采集设备的建设为硬件依托，以专家远程科研育种软件系统、种业园区生产环境在线监测系统、实时视频监测系统、设施环境综合调控系统、虫害预警防控系统和远程农业智能控制系统等六大系统为软件支撑，是整个园区的管理中枢和提供园区数字化发展技术支持的总平台。

二、项目布局情况

项目立足×县农业基础和优势条件，针对小麦、玉米行业发展的特点、基础和要求，根据国内外市场需求的变化，按照区域化布局、专业化生产、产业化经营、企业化管理的要求，巩固提高传统特色产业，积极发展新兴主导产业，把"技术先进、特色突出、规模较大、效益较高"放在首要位置。以培育壮大特色产业,拓宽农民增收渠道为目标,结合实际,建设内容丰富、技术密集、产品竞争力强和经济、社会、生态效益相协调的特色农业科技园区。

三、建设主体

项目以×农业产业化龙头企业办公总部为核心并向周边区域辐射,规划面积1.2万亩,分为核心区、示范区、辐射区,涉及9个乡镇。园区地理位置优越,路网纵横交错、四通八达,交通十分便利。项目核心区占地面积2000亩,为农业科技引领区。核心区坚持服务引领、科技支撑、创新集聚的发展原则,以小麦、玉米的科研、繁育、推广为特色,建立智力引进体系、人才支撑体系、金融保障体系、农机服务体系和数字化运作与管理体系,是集科研、育种、制种、销售、种植、服务、加工配送于一体,产业链、创新链、金融链三链耦合的现代种业科技引领核心区。项目示范区占地面积1万亩,重点突出小麦、玉米、红薯等物联网管控技术、智能滴灌技术等产业化示范功能。项目辐射区占地面积10万亩,突出小麦、玉米等高产、优质、节水、高抗品种和浅埋滴灌节水技术等新技术推广应用功能,辐射带动周边县市小麦、玉米新品种、新技术的推广应用。

【案例2-6】

×县现代农业产业园基础设施建设项目

一、项目名称

×县现代农业产业园基础设施建设项目。

二、指导思想

项目以"市场导向,政府引导,突出特点,可持续发展"为原则,依托×县优越的自然条件,打造现代农业产业园区,带动当地农民就业增收,促进××县经济快速发展。

三、建设目标

本项目以设施瓜果蔬菜种植为主,逐渐形成以特色产业为主导、农民为主体、基地为依托、产学研相结合、产业融合发展的乡村产业发展体系。

四、建设规模与内容

项目总占地面积×平方米,总建筑面积×平方米,其中温室大棚×平方米,配套建筑面积×平方米,配套建设传达室、公厕、排水管网、停车场等工程。

五、项目设计方案

1. 连栋温室设计方案

(1)温室主体性能指标。

1)主体结构。

温室主体采用镀锌轻钢结构骨架;温室顶部和四周均采用薄膜覆盖。

2)性能指标。

风载:×KN/m^2,雪载:×KN/m^2,植物吊载:×kg/m^2。

3)规格尺寸。

温室跨度×米,天沟(雨槽底距柱底高度)×米,总高(不含外遮阳)×米,温室柱间距×米。

4)排列方式。

温室屋脊的走向为南北走向。

（2）基础。

温室四周及室内基础均为柱下独立点式。

（3）骨架结构。

温室采用轻钢结构承重，温室主骨架采用镀锌管材。

（4）温室门。

温室配置吊轨式铝合金双扇推拉门。

（5）覆盖材料。

温室顶部及四周均采用薄膜覆盖。

（6）外遮阳系统。

遮阳幕布满足室内湿度及保持适当热水平，为作物提供最佳的生长环境。

2. 玻璃温室设计方案

（1）温室基础。

玻璃温室基础为点式排列，采用混凝土现场浇捣，基础上预埋有与立柱连接的螺栓，规格为 M16。温室基础从中间向两端向×‰的坡度。温室四周做×毫米宽散水。

（2）玻璃温室钢结构。

温室设计的抗风、雪能力：风载 ≤ ×KN/m^2，雪载 ≤ ×KN/m^2，挂载 ≤ ×KN/m^2。

（3）铝合金系统。

屋顶和端面的铝合金按照国家标准铺设。

（4）覆盖材料。

温室顶部采用×毫米超白散射玻璃覆盖。温室侧面采用×毫米钢化玻璃覆盖，采用温室专用铝合金型材固定。

（5）正压通风降温系统。

温室端墙×毫米高，通长布置：设×毫米厚湿帘，湿帘边框采用铝合金型材，湿帘外侧安装电动齿轮齿条升降窗，升降窗覆盖×毫米PC板。

（6）灌溉系统。

温室灌溉采用压力补偿式滴头进行分区灌溉。要求水源进入温室，水质达到设计要求。喷头采用压力补偿式喷头。每跨×条PE管，PE管间距×米，喷头间距×米，设置管道加压泵，配有专用防滴漏装置。

（7）电器控制系统。

温室每个环境分区设计电器控制柜×只，控制该区域所有电器。温室内导线采用防潮型绝缘导线；信号线采用RVVP屏蔽线。温室内采用TN-S接地系统；装有漏电开关。

六、配套建筑设计方案

项目所建设配套建筑结构为钢构。

（1）屋面。

配套建筑屋面排水均为无组织排水，现浇钢筋混凝土屋面坡度为×%，压型钢板屋面坡度为×%。

（2）墙面。

配套建筑内外墙均采用×mm厚加气混凝土砌块。钢筋混凝土框架结构采用非承重加气混凝土砌块，其余采用承重的加气混凝土砌块。

（3）楼地面。

配套建筑为C20混凝土地面，办公楼地面采用地砖或其他材料。

（4）门、窗。

配套建筑车行及人行门均采用钢门，有防火要求的车间按规定等级采用防火门、窗。

（5）楼梯、栏杆。

楼梯、栏杆均采用钢梯。平台栏杆采用钢栏杆。

七、财务评价

1. 项目计算期

本项目按×年计算，其中：建设期×年，运营期×年。

2. 营业收入估算

项目收入来源主要包括西红柿、辣椒、茄子等农产品收入，育苗收入，观光收入和培训收入。项目运营期合计收入×万元。

3. 成本费用估算

按照国家有关规定，项目投产后，计算期内年均总成本费用为×万元。

（1）原材料成本。

项目原材料成本为×万元。

（2）燃料、动力成本。

项目燃料、动力成本×万元/年。其中：年用电量×万千瓦/时，单价为×元每千瓦/时，年电费×万元。年消耗天然气×立方米，用气单价为×元/立方米，年天然气消费×万元。

（3）人员工资。

项目年劳动定员为×人，管理、技术等人员×人，每年人员工资×元。

（4）折旧费。

折旧按平均年限法计算。建筑物折旧期按×年，设备折旧期按×年，残值率按×%计取。

（5）修理费用。

修理费用按项目固定资产总值的×%计取。

（6）其他营业费用。

其他营业费用主要为营销费用，按年营业收入的×%计取，每年×万元。

（7）其他管理费用。

管理费用按员工定额计算，按每人×元计取，每年×万元。

（8）土地租赁费。

项目占地面积×亩，每年租赁费为每亩×元，年租赁费为×万元。

八、财务盈利能力分析

1. 财务内部收益率

按照《建设项目经济评价方法与参数（第三版）》的规定，财务内部收益率（FIRR）指项目计算期内净现金流量现值累计等于零时的折现率。其计算公式如下：

$$\sum_{t=1}^{n}(CI-CO)_t(1+FIRR)^{-t}=0$$

式中：CI 为现金流入，CO 为现金流出，下同。

2. 财务净现值

按照《建设项目经济评价方法与参数（第三版）》的规定，财务净现值（FNPV）指按设定的折现率（一般采用基准收益率 I_c）计算项目计算期内各年净现金流量的现值之和。

$$FNPV=\sum_{t=1}^{n}(CI-CO)_t(1+I_c)^{-t}$$

式中：Ic 为基准折现率，本项目为 6%。

3. 投资回收期（Pt）

按照《建设项目经济评价方法与参数（第三版）》的规定，投资回收期（Pt）指以项目的净收益回收项目投资所需要的时间。其计算公式如下：

$$\sum_{t=1}^{Pt}(CI-CO)_t = 0$$

根据财务现金流量表，可以分别计算出几项财务评价指标：

项目财务评价指标

项目名称	税前	税后
财务内部收益率（%）	×	×
财务净现值（Ic=6%）（万元）	×	×
动态投资回收期（含建设期）	×	×

4. 利润及利润分配

项目年均利润总额×万元，且项目为农业生产项目，免征所得税。盈余公积金按税后利润的×%计取。

5. 清偿能力分析

项目拟通过银行贷款方式融资×万元，年利率×%，采取等额付息的还款方式。

6. 财务评价结论

项目财务内部收益率大于设定基准收益率，财务净现值大于零，本项目在财务上可接受。投资回收期小于预期投资回收期，表明本项目投资能按时收回。

【案例 2-7】

×智慧农业园区基础设施建设项目

一、项目名称

×智慧农业园区基础设施建设项目。

二、建设目标

通过对园区现有服务资源和硬件设备进行充分整合，并通过提升服务水平、搭建园区管理平台及建设智能硬件设备等工作，实现园区的信息化、现代化、智能化管理。具体表现在以下几个方面：

1.建设园区真正需要的农业物联网系统

实现节省人工、精准调控、节本增效。根据园区实际应用需求，建设物联网智能硬件，为园区提供农户"用得起、愿意用、用得好"的农业物联网设备，满足园区在生产、经营等环节对智能硬件的需求，建成满足农民需求的农业物联网系统。

2.促进园区的智能化推广应用，提高园区的现代化水平

根据园区的实际情况，规范园区生产管理，包括农产品生产过程管理（计划管理、农事过程管理等）和包装加工管理（采收管理），形成一个可持续发展的、成熟的产业链和产业体系，逐渐形成园区生产的智能化、经营的网络化、管理的数据化、服务的在线化，提高园区整体的现代化水平。

三、技术目标

1.管理信息化

通过平台对数据进行采集、分析，实现对园区生产数据的提取，实现园区土地、设施和种植过程的数字化管理，把地面上的园区完整

地搬到线上，对园区的各种资源、人员、设备和生产过程数据进行精确记录，实现园区远程实时、全面管理。

2. 设备智能化

通过各种信息化特别是自动化技术、物联网技术的应用，园区基础设施逐渐升级为智能设备，可以远程监控和控制。另外，非智能设备也可以通过添加智能化传感设备变为智能设备。

3. 设备联动化

根据预设的作物生长计划与控制策略，系统可实现全自动化运行。通过不同设备之间数据共享、云平台数据感知，设备之间可以协同工作、协同控制，在大幅降低人力成本投入的同时，避免人为操作错误，实现精准的农事作业，有效提高生产效率。

4. 系统集成化

园区内信息孤岛将通过平台建设走向集成。智慧园区将大大提高系统的集成程度，使信息和资源得到更充分的共享，提高系统的服务能力。

5. 云计算化

园区内的设备越来越多，数据量越来越大，需要云计算与云存储进行业务支持。

6. 独立上云

系统具有灵活开放性，根据不同用户的农业生产需求以及园区规模，可插拔式接入多种传感器及控制设备，配置个性化的控制策略，从而满足不同园区的需求。通过移动网络接入云端，大大减小设备布线实施难度；同时，单个设备的故障不影响整体系统的运行，提高系统的可靠性。

四、技术方案

1. 设计思路

项目从种植农业、设施农业等多方面对园区进行信息化、智能化、自动化、网络化建设,最终建设成农业物联网示范项目。

项目以物联网技术、自动化控制技术、移动互联网技术、大数据等为依托,通过室外气象站、室内传感器等进行数据采集,数据在云端形成共享、共用、互通的大数据流,经过监控报表模块等分析形成预警信息、回溯信息、环境信息、生长指标报表,最后通过丰富的终端LED显示屏、手机App、指挥室大屏等实时展现,为生产值提供各种维度的全方位监控监管。

2. 日光温室智能控温系统

日光温室智能控温系统是为解决日光温室机械化电机通风过程中费人工、耗时间等问题,经过充分调研,以"节省人工、远程精准控制"为目的,项目最终采用具有App远程控制、精准监测、精准控温、高低温报警、停电报警、电路保护等功能,可完全脱离人工值守而可靠有序、稳定运行的系统,实现温室"傻瓜式"管理。系统功能包括:

(1)人工智能控温——根据户外温度、光照等数据,利用机器学习算法控制棚内温度,保证在任何天气、任何季节始终保持温室内理想的温度。

(2)高低温、停电报警——当温室内温度过高或过低以及停电时,通过电话、消息推送等方式通知管理人员。

(3)App远程一键控制——随时随地通过App即可控制多个温室开风、关风、除湿、预留风口等。

(4)防尘防水——IP65级别防尘防水,耐高温低温,确保设备胜任各种恶劣环境下的工作。

（5）高度可靠——配套机械限位、过载电流保护、进口零配件，保障系统可以应对复杂的农业生产环境。

（6）绿色生产——农作物在合适的温度下生长，可有效减少作物的病害，减少打药次数，减少施肥量。

（7）增产增收——系统能把温度调控在农作物生长所需的最佳温度条件，相比人工控温控湿，产量可提高20%以上，还能提前1个月上市，优先占领市场。

（8）机械限位加时间限位，保证安全可靠。

3. 农业园区室内液晶拼接显示系统

在园区展示中心或会议室（机房位置）安装液晶拼接展示屏，将农事管理平台、园区概况温室布局、环境大数据等直接展示出来，既可对内管理，又可对外展示。功能包括：

（1）三联屏展示。展示园区概况、温室环境实时数据、农事任务等，全方位多维度展示园区信息。

（2）预警提醒。当发生报警信息或产生任何事件，都可以在相应温室上方通过气泡、语音等进行提示。

（3）农事进度。大屏可以展示农事任务安排和各任务进度情况，对逾期的任务进行有效的处理。

4. 农业园区控制终端

园区系统支持PC端、手机端、棚内控制面板等多种方式控制，同时支持LED屏显示棚内环境数据。

五、施工计划

项目施工包括十个步骤。

项目施工步骤

步骤	内容
第一步	基地需求、安装情况调研
第二步	基地需求确认，施工设计、规划、图纸
第三步	基地安装基础设施准备
第四步	农业物联网硬件设备施工及安装
第五步	搭建园区智能生产管理平台并初始化数据
第七步	农业物联网软硬件设备各子系统调试
第八步	设备集成调试及上线
第九步	相关人员培训
第十步	竣工验收并提交报告

六、效益分析

随着全球人口的不断增长和农业资源的日益紧张，智慧农业成为当今和未来农业发展的重要方向。智慧农业利用先进的信息技术和农业设施设备进行高效、精准的农业生产和管理，减少环境资源和劳动力成本，大大提高农业生产的效率和效益，促进农业可持续发展。

1. 经济效益

项目物联网等信息技术应用比例达到95%以上，生产过程管理和服务全程信息化，每个大棚每年节约工费×元，节约投入品×%，节约用水×%，提高产量×%，增加附加值×%。

综上所述，本项目实施1年后，单个大棚可增加的直接经济效益总计为×元。

2. 社会效益

本项目可带来以下六个方面的社会效益：

（1）全力对接开展智慧农业的政策，促进"互联网＋现代农业"，传统农业的迭代升级，提升农业信息化水平。

（2）加强农产品监测和提高农产品安全水平，满足广大市民对健康食品的需求。

（3）指导用户智能感知、精准调控、科学生产，减少投入品的使用量，节约资源，促进产业可持续发展。

（4）可安置部分就业，带动软件开发等电子信息产业、互联网和硬件研发等高端人才就业。同时，减轻从事设施种植的农民劳动强度。

（5）以智慧农业发展为样板，带动智慧农业的发展，为提高我国农业信息化的整体水平、推动智能农业快速发展起到重要的示范引领作用。

（6）带动农村经济发展，提高农民收入，缩小城乡差距。

3. 生态效益

农业物联网系统建设项目的实施不会对环境产生污染，不会对生态平衡造成破坏，且有益于环境保护。智慧农业通过精确的数据收集和分析，可以帮助农民更准确地控制农作物的生长环境和需求，有助于减少农药、化肥和水的使用量，从而降低农业对环境的负面影响，减少土壤和水体的污染。通过精确施肥和灌溉，智慧农业还能提高农作物的产量和质量，减少浪费和资源消耗。智慧农业技术可以实现土壤质量的监测和评估，帮助农民采取保护性耕作和土地管理措施，减少土壤侵蚀和退化。通过精确施肥和合理轮作等措施，可以改善土壤结构和肥力，保护土壤生态系统的健康。

第 3 章

农村生活性基础设施建设重点

农村基础设施建设三大工程

基础设施建设是乡村振兴的重要抓手。

2023年中央一号文件指出，坚持物质文明和精神文明两手抓，整治提升农村人居环境，提升乡村基础设施建设和公共服务质量，增强乡村治理效能，加强农村精神文明建设，努力实现宜居宜业和美乡村建设有新落点，农村生产生活条件加快改善。要实现乡村振兴，完善的现代化乡村公共基础设施必不可少。

1. 实施农村道路畅通工程

"要想富，先修路。"在我国脱贫攻坚战略实施中，"村村通"成为精准扶贫的重要手段，基本上解决了一些贫困地区的村民出行问题，农村地区的基础设施建设与现代化融合日益加速。"村村通"作为全国农村基础设施建设的重点工程，包括道路畅通、农村供水、防汛抗旱、数字化乡村、清洁能源、物流建设等"五通"项目，一并推进。

2011—2021年，中央在农村公路领域累计投入车购税资金7433亿元，其中用于贫困地区的投资就达到5068亿元，累计新改建农村公路约253万公里，解决了1040个乡镇、10.5万个建制村通硬化路的难题。农村公路的总里程从2011年的356.4万公里增加到2021年底的446.6万公里，11年净增超过90万公里。此外，改造农村公路危桥超6万座，实施安全生命防护工程超127万公里。

总体上说，部分农村道路等级还比较低，很多还达不到乡村振兴的标准。

业内人士建议，要根据乡村产业发展的需要，分类实施，加强农村资源路、产业路、旅游路和村内主干道建设，保障汽车、拖拉机以及大型机械的畅通，甚至要推进农村公路建设项目更多向进村入户倾斜。

2. 实施农村供水工程

农村供水工程是国家推出的一项供水工程，属于农村基础设施建设。

2022年1月，《中共中央 国务院关于做好2022年全面推进乡村振兴重点工作的意见》提出：扎实开展重点领域农村基础设施建设，推进农村供水工程建设改造，配套完善净化消毒设施设备。截至2022年5月底，各地农村供水工程已开工6474处，完工2419处，提升了932万农村人口供水保障水平；各地农村供水工程已落实投资516亿元，其中地方政府专项债券214亿元，银行贷款94亿元。

"十三五"期间，2.7亿农村人口供水保障水平得到提升，贫困人口饮水安全问题得到全面解决。截至2020年底，全国农村集中供水率达到88%，全国农村自来水普及率达到83%，农村供水保障水平得到显著提升。

2022年11月，水利部办公厅印发《关于推进农村供水工程标准化管理的通知》，旨在全面提升农村供水工程运行管理水平，保障农村供水工程持续稳定发挥效益，助力全面推进乡村振兴。通知要求以农村供水工程"设施良好、管理规范、供水达标、水价合理、运行可靠"为着力点，完善农村供水工程标准化管理体系，提升农村供水规范化、专业化、智慧化管理水平，保障工程安全、稳定、长效运行。2025年底前，"千吨万人"供水工程全面实现标准化管理；千人供水工程管理水平明显提升。2030年底前，农村集中供水工程全面实现标准化管理。

水利部印发的《全国"十四五"农村供水保障规划》对"十四五"农村供水保障工作作出系统部署和全面安排，到2025年，全国农村自来水普及率达到88%，到2035年，我国将基本实现农村供水现代化。规划明确了"十四五"期间农村供水保障重点任务，一要采取改造、新建、联网、并网等措施，巩固拓展农村供水成果，加强对脱贫地区、脱贫人口和供水条件薄弱地区农村人口饮水状况监测，及时发现和解决问题，保持动态清零，守住农村供水安全底线。二要实施农村供水保障工程建设。加强中小型水库等稳定水源工程建设，实施规模化供水工程建设和小型工程标准化改造，强化农村供水工程维修养护，做到应修尽修。三要强化水质保障。在强化水源保护的同时，农村集中供水工程净化消毒设施设备应配尽配，健全完善水质检测制度，进一步提升农村供水标准和质量。四要创新农村供水工程管理体制机制。推进县级统一管理，健全农村供水管理责任体系，明确农村集中供水工程产权归属，落实管理责任主体、人员和经费，逐步建立专业人才队伍，确保工程长久发挥效益，不断提高信息化管理水平，持续造福农村群众。

3. 实施农村生态环境优化工程

在实施乡村振兴战略的背景下，我国农村环境整治工作迫在眉睫。

农村垃圾处理是农村环境整治工作的重要内容之一。我国农村生活垃圾产量、成分因经济发展水平、人口数量、生活习惯、能源结构、季节、环境因素等有所变化。总的来说，我国农村垃圾特点表现为：一是垃圾产生量和堆积量逐年增多❶；二是垃圾成分日趋复杂，与城市垃圾相比，农村垃圾面积广，产生源分散；三是人均生活垃圾产量偏低，清理过程简单，但垃圾收运难度大；四是垃圾随意堆放现象严重。应根据镇村分布、政府财力、人口规模、交通条件、运输距离等因素，科学合理确定农村生活垃圾收运处置体系建设模式。东部地区、中西部城市近郊区等有基础、有条件的地区，农村生活垃圾基本实现无害化处理，长效管护机制全面建立；中西部有较好基础、基本具备条件的地区，农村生活垃圾收运处置体系基本实现全覆盖，长效管护机制基本建立；地处偏远、经济欠发达的地区，农村生活垃圾治理水平有新提升。

近年来，国家和地方政府出台了一系列政策措施，从法律法规、行

---

❶ 2022年我国农村常住人口为4.91亿人，占总人口的34.4%。按照每人每天产生0.5千克左右的生活垃圾计算，2022年我国农村生活垃圾产生量约为89.7万吨/天。全国畜禽粪污年产生量约38亿吨，其中畜禽直接排泄的粪便约18亿吨，养殖过程产生的污水量约20亿吨。从不同畜种来看，生猪是大头，全国生猪粪污年产生量约18亿吨，占总量的47%；牛粪污年产生量约14亿吨，占总量的37%，其中奶牛4亿吨、肉牛10亿吨；家禽粪污年产生量约6亿吨，占总量的16%。

业标准、财政补贴、项目建设、技术推广等方面，对农村垃圾处理行业给予强有力的支持和引导，为行业发展提供了有利的政策环境。随着农村垃圾处理行业的发展和成熟，越来越多的社会资本进入该行业，形成了以政府主导、社会资本参与、专业公司运营、农民群众参与的多元化主体结构，增强了行业的活力和竞争力。

农村生态环境建设重点解读

农村生态环境是村民生存和发展的基本条件，是其经济发展的基础。农村生态环境建设是一项功在当代、利在千秋的系统工程。保护和建设好农村生态环境，实现农村经济可持续发展，是我国现代化建设中必须始终坚持的一项基本方针。

1. 农村生态环境现状

经过多年努力，我国农村人居环境整治取得了很大的进步，但脏乱差问题在一些地区还比较突出，如废弃物随处投放、垃圾乱扔、池塘河沟污染等，农村人居环境仍然是经济社会发展的突出短板。以农村厕所改造为例。农村厕所改造对农村社会经济发展和文明进步具有非常重要的意义。通过农村厕所改造，既可以减少环境污染，改善农村环境，又可以提高农民生活环境的舒适度。截至2020年底，全国累计改造农村厕所4000多万户，但也存在质量不过关、改厕工作不规范、奖补资金落实不到位、重建设轻维护、为完成任务而盲目改造、搞形象工程，以及因厕屋、厕具、粪池、防冻、粪污处理、后期维护等多种问题导致农村厕所不好用或不能用等系列问题。

2. 农村生态环境污染特点

我国农村环境污染总的特点为：面源污染（指农村生活和农业生产活动中，溶解的或固体的污染物，从非特定的地域，在降水和径流冲刷作用下，通过农田地表径流、农田排水和地下渗漏，使大量污染物进入受纳水体所引起的污染）与点源污染（指企业和大、中居民点在小范围内的大量污水集中排放）并存，生活污染和生产污染叠加，工业与城市等外源性污染不断向乡村地区转移。

因此，《农村人居环境整治三年行动方案》指出：一是推进农村生活垃圾治理。统筹考虑生活垃圾和农业生产废弃物利用、处理，建立健全符合农村实际、方式多样的生活垃圾收运处置体系。二是开展厕所粪污治理。合理选择改厕模式，推进厕所革命。三是梯次推进农村生活污水治理。根据农村不同区位条件、村庄人口聚集程度、污水产生规模，因地制宜采用污染治理与资源利用相结合、工程措施与生态措施相结合、集中与分散相结合的建设模式和处理工艺。四是提升村容村貌，加快推进通村组道路、入户道路建设，基本解决村内道路泥泞、村民出行不便等问题。

3. 农村生态环境建设原则

农村生态环境建设应坚持统筹规划，突出重点、量力而行、分步实施。坚持以预防为主，治理与保护、建设与管理并重，除害和兴利并举，"边建设，边保护"，使各项生态环境工程发挥长期效益。

2023年，国家开展水生态治理，实施水土流失综合治理，加大长江、黄河上中游和东北黑土区等重点区域水土流失治理力度，大力推进坡耕地治理和生态清洁小流域建设。支持脱贫地区实施小流域综合治理、坡耕地综合整治、病险淤地坝除险加固、新建淤地坝和拦沙坝等国家水土保持重点工程，完成水土流失治理面积1万平方公里以上。开展河湖生态复苏，深入推进母亲河复苏行动，推进河湖生态环境复苏。实施华北地区等重点区域地下水超采综合治理。推进农村水系综合整治，做好水系连通及水美乡村试点县建设。

4. 农业生产领域生态环境建设

在农业生产领域，生态环境建设主要指通过各种措施来改善和保护自然环境，以保障生态系统的平衡和健康，包括对空气、水、土地、植被等多个方面的保护，常见的措施有发展生态农业、循环农业等。

例如，某肉牛肉羊产业园建设畜禽粪污资源化利用中心，含原料库、有机肥加工车间和成品库等，配套相关的设施设备，安全有效处理养殖粪污，达到种养结合循环利用。项目推进种养结合，与农户合作，依托养殖场周边小麦、玉米、果树等作物种植，发展生态循环农业，实现"种植-饲料-养殖-有机肥-种植"种养结合的生态循环发展，用牛粪发酵而成的有机肥是生产腐熟剂的优良载体，可以增加土壤肥力，增加土壤有机质。牛粪变有机肥还田，既能处理牛粪，又能保护生态环境。项目推行"一区一案""一场一策"，推广测土配方、精准施肥，建档立卡、精准服务，提高粪肥还田效率和养殖粪污资源化利用率，实现减化肥促增产。

下面分别以某畜禽粪污资源化利用再生新能源项目、云南省易门县生态修复项目、某乡村振兴环境综合整治建设工程为例作出说明。

【案例3-1】

×畜禽粪资源化利用再生新能源项目

一、基本情况

×畜禽粪污资源化利用再生新能源项目通过对×县农林生产剩余废弃物、农田秸秆、畜禽粪便、城镇生活垃圾等进行有效处理和资源化综合利用，不仅能改善畜禽养殖环境，实现有机、绿色特色种植，还可以通过资源化利用，制备出国家标准的负碳清洁能源——生物天然气，其可作为居民家庭燃料、工作燃料、车用燃料，还可直接发电上网，为城市供应蒸汽。

二、工程建设内容

项目总占地约120亩，新建仓储车间、固液分离车间、办公楼等附属设施9000平方米；建设8个微生物降解发酵罐、4个生物燃气储存柜、4个陈化池、1个搅拌池、2个收集池、1个总消化池，以及天然气净化提纯设备、发电机组等项目配套所属全部设备。

三、劳动定员

项目劳动定员42人，其中管理人员7人、财务人员3人、技术人员9人，操作工23人。废弃物收集运输人员130人，其中粪污收集运输60人，其他废弃物收集运输50人，物料整理20人。

三、进度计划

项目建设期计划为12个月。自2023年7月开始前期准备工作，包括完成项目的规划设计、土建及相关基础准备工作等。

本项目分两期建设，第一期预计投资12000万~15000万元，日处理畜禽粪污900~1200吨，占地约80亩，预计6个月完工。

四、投资估算

项目总投资为26000万元。其中：固定资产投资7000万元，铺底流动资金1000万元。在建设投资中，建筑工程基础设施及配套设施费4000万元、设备购置费11000万元、设备安装费1000万元、其他措施费用1500万元、预备金500万元。

五、综合效益

项目属于《产业结构调整指导目录（2019年本）》中第一类"鼓励类"第一项"农林业"第18条"农村可再生资源综合利用开发工程（沼气工程、生物天然气工程、'三沼'综合利用、沼气发电，生物质能清洁供热，秸秆气化清洁能源利用工程，废弃菌棒利用，太阳能利用）"、第24条"有机废弃物无害化处理及有机肥料产业化技术开发与应用"，符合国家的产业政策。项目坚持"因地制宜、多元发展，宜电则电、宜热则热、宜气则气"生产理念和原则，满足市场需求同时，为企业带来经济效益，带动当地运输、服务等相关产业的发展，给当地带来新的就业机会，创造了良好的社会效益；还解决了农业生产污染问题，具有良好的生态效益。

【案例3-2】

云南省易门县生态修复项目

易门县是一座历史悠久、山川秀美、资源丰富的滇中水城，县域面积1571平方公里，是云南省47个革命老区县之一，荣获了国家级生态示范区、中国人居环境范例奖、全国绿化模范县、国家卫生县城等多项荣誉称号。易门县矿产资源丰富，有铜、铁、铅、锌、白钙、磁土、大理石、花岗石、石灰石等金属和非金属，其中铜矿是云南省主要铜矿产地之一，有大小矿点50余处，铁矿储量2400多万吨，有大小矿点10余个，瓷土储量100万吨以上。在1954—1994年开发密集期，易门县累计采矿4000多万吨，总产值达17亿元，向国家提供利税2.5亿元。

由于大规模矿产开发，在促进产业繁荣、为国家经济发展提供坚实资源保障的同时，也给易门县当地带来了空前严峻的生态环境与土地破坏问题。矿山开采遗留生态环境问题若得不到解决，势必会影响农业生产，加剧人地矛盾。

易门县政府践行"绿水青山就是金山银山"的理念，把矿山生态修复工程作为重大民生项目来推进。同时，注重土地整治与绿色生态协调发展，改善生态环境，盘活矿山存量建设用地，提高项目区土地利用率，节约集约土地资源，决定开展生态修复项目。

项目规划生态修复面积约113公顷，复垦规模约99公顷，总投资约1亿元。咨询机构项目组从国家相关政策入手，围绕项目建设必要性、方案可行性及风险可控性三大目标开展系统、专业、深入论证，结合政策性银行现行金融支持政策，提供了专业性强的项目咨询方案，确保项目符合国家及地方生态环保政策、金融机构支持政策，满足项目可行性研究需求可靠性、要素保障性、工程可行性、运营有效性、财务合理性、影响可持续性及项目风险可控性七大维度。最终项目获得中国农业发展银行云南省分行贷款8500万元，贷款期限4年。

项目的成功落地有利于减轻当地环境污染和生态破坏、有效保护生态多样性、优化土地资源配置、显著改善土地生产条件。同时，项目将有效改善当地群众的生产生活条件，提高农民收入，增强农村经济可持续发展能力，具有良好的经济、社会和生态效益。

【案例 3-3】

×乡村振兴环境综合整治建设工程

一、建设内容

×乡村振兴环境综合整治项目建设内容涵盖×个乡镇、×个村庄基础设施工程、×镇旅游路线项目、重点路段整治工程等乡村环境综合整治工程。

二、建设期限

项目计划建设工期为×个月，××年×月以前为前期准备工作阶段，计划××年×月开始施工，××年×月完成。

三、项目投资

项目总投资×万元，固定资产投资×万元，铺底流动资金×万元，其中项目资本金×万元，占总投资的×%。工程费用×万元，工程建设其他费用×万元，基本预备费×万元。

四、资金筹措

项目总投资×万元，资金来源为财政资金统筹，不足部分由政府专项债券等其他资金补充。

五、建设原则

1. 集中整治、形成长效

集中力量分阶段推进建设，既要着力解决当前突出问题，取得阶段性成果，又要着眼长远。整体提高公共设施条件和公共服务水平。

2. 科学规划、统筹推进

由乡镇政府牵头，相关部门协调配合，建设与产业发展紧密结合，项目与示范村建设紧密结合，项目与基层党组织建设紧密结合，分步实施，统筹推进。

3. 点面结合、整体建设

突出重点，抓好重点示范村、精品线路和精品区块建设，注重打造一批各具特色的示范点，通过点上的重点突破，串点成线、连线成片，推动×县的整体建设，逐步形成点上有特色、线上见风景、面上成规模，整体建设×县建设格局。

4. 政府主导、全民参与

切实发挥各级党委政府的组织协调作用，引导广大群众真正成为建设的参与主体，充分尊重广大群众的知情权、参与权和监督权，强化项目建设资金保障，提高群众对乡村振兴建设的主动性、积极性和满意度。

5. 因地制宜、分类指导

结合各乡镇各村庄实际，因势利导，精心设计线路，注重挖掘自身资源优势和再造特色亮点；实行分类指导、分步建设，注重突出自然生态、乡村特色、产业文化等特色内容，避免村村一面，彰显村庄特色，打造村庄特色品牌。

6. 规划先行、项目推进

着眼于统筹城乡发展，坚持近期规划与中远期发展布局相结合，规划统领新农村建设各专项规划，按照思路规划化、规划项目化、项目资金化的理念，以项目化建设为抓手，结合示范村资源的整合利用，推进部门联动，形成协同效应。

六、建设工程

1. 道路硬化工程

（1）道路硬化。

计划对破损严重的道路进行重新铺设，路面用水泥混凝土、沥青、广场砖等硬化，道路设计充分考虑到居民生活人流、车流和医疗急救、消防等车辆需要，道路宽度满足消防要求。

（2）横断面布置。

根据道路在路网中的位置及作用，结合道路沿线两侧用地性质及社会经济发展的预测，科学合理地确定道路断面形式，并结合现有道路断面进行设计。

（3）道路纵断。

道路纵断设计依据规划控制高程、现状地形及已形成相交道路标高作为控制。结合道路给排水的要求在适当位置增设变坡点。

为保证行车安全、舒适，纵坡宜缓顺，起伏不宜频繁；结合非机动车道的爬坡能力设计纵坡坡度。

纵断面设计应根据沿线地形、地下管线、地质、水文、气候情况并结合排水要求综合考虑。

2. 植被工程

（1）环境整治目的。

通过环境整治，使村庄达到功能完善、环境良好、节能环保、适宜人居的目的。

（2）绿地整治设计原则。

选择具有适当树冠形态的树种，能够达到夏日遮荫、冬日曝阳的功能，较窄人行道则考虑直立式树种，以免影响行人安全。

1）树性强健。道路两侧落尘量大、空气污染严重且浇水养护不易，所选植物应具备抗污染性强、耐旱、抗风等特性。

2）深根植物。选择深根性植物，避免使用根系横向生长、根易隆起地面或形成板根植物，以免破坏铺面、妨碍行走安全。

3）强调地方特色。选择当地适生且具有当地特色的树种，并尽量采用本地原生树种。

4）易于维护管理。选择树形整齐、生长速度中等的树种，可减少整枝修剪的工作；开花、结果类植物尽量栽植在绿地内，以降低清扫工作；考虑到季节性开花与色彩效果，多使用多年生植物，少使用一年生草花以减少维护管理工作。

（3）绿地种植方案。

优化种植布局，拆除占绿、毁绿的违章建筑物（构筑物），恢复原有功能，补栽乔木，尽可能提高乡村整体环境档次。

村庄绿地主要分为以下三种情况：

1）村内主路两侧绿地。路宽段以国槐、白蜡、金枝槐为主，路窄段以紫叶李、西府海棠、木槿等花灌木为主。

2）村内便民活动广场绿地。村内便民活动广场以彩叶树、果树及庭荫树为主，如：白蜡、杜仲、金叶复叶槭、山桃、金叶榆、紫叶李等，下层植物以鸢尾、萱草、地被菊、景天、马蔺、麦冬等宿根花卉。

3）坑塘岸边绿地。以垂柳、碧桃搭配打造桃红柳绿的效果，防护网一侧以蔷薇、爬山虎等攀援植物为主。

北方地区由于冬季漫长，植物生长期短，选择速生树种会在短期内形成较好的效果，尤其是街道周边。长寿树种树龄长，但生长缓慢，短期内不能长成。所以，在不同的园林绿地中，因地制宜地选择不同类型的树种是必要的。

在街道中应选择速生、耐修剪、易移植的树种。速生树种有易老早衰的问题，可通过树冠更新复壮和实生苗育种的办法加以解决。在园林树种选择中，还要注意选择根深、抗风力强、无毒、无臭、无飞絮、无花果污染的优良树种，但是一个好的园林树种的优点都是相对的。选择的目的，就是不断把具有优良性状的树种选出来，淘汰那些生长不良、抗性较差的树种。

（4）施工要求。

1）进场检验。所有苗木需经植物检疫，无病虫害；根据设计提出的苗木规格和树形的要求对苗木进行采购，所有行道树、风景树、造型树均为移栽一年以上且已成活的再生树。乔木在栽植后均应支撑。

2）土壤。基层土壤应渗透性好，土质为中性且富含有机质，不应含砾石或其他有毒、有碍植物生长的杂物。如含有建筑废土及其他有害成分，如酸碱度超标，含盐土、重黏土、沙土等，均应采用客土或采取改良土壤的技术措施。

3）表层种植土。种植土应选用适于植物生长的选择性土壤，完全疏松，草坪种植区土壤应有平整度。

4）挖种植穴。定点后，依据有关要求进行挖穴，栽植穴的规格依据土球大小和土壤情况来决定挖穴（挖沟）的规格，一般比规定的根幅范围或土球大，即应加宽放大 40~100cm，加深 20~40cm。

（5）养护工程。

如发现有植株死亡，应及时用相同品种、规格的苗木进行补植，并加强对新栽苗木的养护管理。

3. 便民活动广场服务设施

在便民活动广场的环境中，标识系统设计是构成整个环境重要的组成部分，能明确表示内容、方向及原则，其主要以文字、图形记号、符号、形态等构成视觉图像系统。标识系统设计把环境功能和整体景色融为一体，重在解决环境管理和梳理上的秩序，为公众所需的物质和精神提供贴切的服务。

4. 路肩、边坡防护

路肩、边坡防护系统由土工格栅防护网、锚固结构营养土、植物种子输水管等组成。土工格栅防护网通过多个土钉固定铺设与边坡表面上方；管状土工格栅孔洞内填充营养土，营养土中放置植物的种子；边坡上的雨水可以通过编织布的网眼渗透到管状土工格栅中的营养土中，营养土中的植物种子吸收水分发芽生长，形成绿色生态边坡，既实现了工程防护和生态防护的双重效果，又避免了水和营养成分的流失，使资源得到最大化利用，为植被提供长期稳定的生长条件。

5. 其他改造内容

（1）坑塘。坑塘种植水生植物，以调节水质；周边增加护栏，整治环境；设计园路，增加小广场，供人游玩。

（2）新建集贸市场。

（3）停车场。村庄内道路与房屋之间存在三角形空地，可以在空地内种植灌木及丛生植物，部分较大区域可以做成铺装形式，以满足停车需求。为解决停车问题，在坑塘周围的空地设置林荫停车场，在学校有空地位置设置停车场，解决停车问题。

（4）5G基站利用村庄闲置空地区域增加5G基站，由电信运营商进行建设安装，满足人民5G上网需求等。

七、安装工程

1. 照明设计

（1）安装内容。

路灯采用具备自动控制装置灯杆路灯，照度 1~2 LX/m^2，路灯建设标准应符合《城市道路照明设计标准》（CJJ 45—2015）和《城市道路照明工程施工及验收规程》（CJJ 89—2001）的规定要求。对于无公用电路且日照充足的道路，可选用太阳能路灯。

（2）主要技术标准。

1）电缆线路末端电压不低于90%。

2）功率因数应大于0.9。

（3）供电电源。

工程供电电源由市政10kV线路引入，理论供电长度不大于0.8km。路灯电源采用380/220V三相四线供电方式，各路灯依次接入三相回路中，尽量使三相线路负荷平衡。

（4）布灯方式及灯具选择。

1）光源选择。方案采用LED作为市电照明灯具的光源。LED被称为第四代照明光源或绿色光源，是由超导发光晶体产生的超高强度的灯光。LED照明灯是目前照明行业中最热门的焦点，它节能显著、使用寿命长、安全环保，照明灯光线柔和、穿透力强，与传统的白炽灯相比，节能80%以上，可以使用50000小时以上，是将电源转换成光能的最有效方式。

2）布灯方式。根据道路横断，采用双侧对称布置，路灯安装于道路两侧人行道内。

（5）节能及照明控制方式。

1）路灯照明采用智能控制模块器控制，通过控制器预先设定的时间，控制路灯回路开关电器的通断，进而控制路灯的亮、灭，具有控制时间可调，灵活、方便的特点。

2）路灯照明均采用高效光源、高效灯具和节能控制措施。

（6）电缆敷设。

路灯电缆直埋引入灯杆时应预埋保护管。

（7）接地保护。

低压配电系统接地方式采用TT系统，每基灯杆基础地脚螺栓利用40mm×4mm镀锌扁钢作为接地线，与接地极可靠焊接，接地极采用50mm×50mm×5mm，长2.5m角钢，接地装置的接地电阻≤10Ω。路灯变压器中性点、路灯变压器外壳、箱变外壳均须可靠接地，接地电阻≤4Ω。每一个回路的首端及每基灯杆处装设漏电保护开关。

2. 管道铺设

项目主要内容为建设雨水排水管道，建设并完善排水系统，有效提高乡村的防涝能力。

（1）设计原则。

1）符合国家、地方的法律、法规、标准、规范。

2）符合总体规划及各乡镇规划。

3）设计方案合理、便于施工、管理。

4）排水管网设计应满足乡村经济和社会长远发展的需要，同时注意远期发展与分期实施相结合的原则。排水管道均按远期设计，并能适应乡村建设需要，考虑分期实施的可能性。

5）排水管道纵坡尽量与道路一致，以减小埋深，节约投资。雨水管道顺应地势尽量采用就近排入村庄雨水收集地点，以缩短管线距离和减少管线埋深。

（2）管道敷设技术措施。

1）一般技术措施。项目管道设置在乡村道路下方，采用明挖直埋法进行施工。

2）管道穿越道路技术措施。当管网需要穿越交通干道时，在选择施工方案时，应当尽量选择顶管施工，以减轻施工所带来的交通拥堵，在施工前，应该将施工方案上报当地的相关部门。

（3）管材选择。

排水管必须具有足够的强度，以承受外部的荷载和内部的水压，外部荷载包括土壤的重量——静荷载，以及由于车辆运行所造成的动荷载。重力流管道发生淤塞时，可能引起内部水压。此外，为了保证排水管道在运输和施工中不致破裂，管道必须具有足够的强度。排水管应具有能抵抗水中杂质的冲刷和磨损的作用，也应该具有抗腐蚀的性能；排水管渠必须不透水，以防止雨水渗出或地下水渗入；排水管渠的内壁应光滑，尽量减小水流阻力；排水管渠应就地取材，并考虑到预制管件及快速施工的可能，以便尽量降低管渠的造价及运输和施工费用。

总体来说，排水管道在满足适用要求的前提下需要遵循以下原则：一是使用寿命长，安全可靠性强，维修量少；二是管道内壁光滑；三是在保证管道质量的前提下，造价相对较低。

八、供水

项目用水由×县市政供水集中供应，能够满足项目需求。该区地下水较为丰富，可分为四个含水层组。第一含水组属潜水，主要用于农业灌溉；第二、第三、第四含水组属承压水，水质良好，符合《地下水质量标准》（GB/T 14848—2017）Ⅲ类标准，是当地工业生产和生活饮用水的主要水源。

九、供电

×县现有供电设施完善，电力供应较为充足，能够满足项目建设需要。

十、工程物资的管理措施

1) 技术人员在进行施工准备时应采用最合理的施工方案，最大限度地减少工程物资的投入。

2) 项目部在审批施工方案时应考虑节约能源和工程物资。

3) 采购和领用的工程物资应加强保管，减少和杜绝由于保存不当造成的浪费。

4) 在施工过程中，对于可以回收利用、重复使用的物资应积极进行修旧利废、综合利用。

十一、节能监督检查

1) 项目部应定时统计工程物资、水、电、办公用纸张、计算机易耗品的使用情况，必要时对部门进行检查，对存在的浪费现象提出改进要求。

2) 项目部应在工程结束时对工程物资、施工生活用水、用电和其他消耗品的消耗情况进行统计，作为该项目资源消耗的基础数据，以进行持续改进。

十二、建成后的环境保护

1. 大气污染防治措施

项目建成后的主要空气污染源为汽车尾气。针对汽车尾气，在道路两侧种植一些较能吸收有毒有害气体的树木，如洋槐、榆树、垂柳等。

2. 噪声控制措施

由于车流量剧增而产生的道路噪声是当代噪声污染的重要来源，

为人们的工作和生活带来了很多不利影响。植被被认为是自然降噪物，不仅能够有效地吸收和反射噪声，还能增加绿地面积、吸收有害气体和改善生态环境等，是既经济又环保的方法。

3. 垃圾处理措施

1）建立完善的环卫机构，配备专职管理工作人员。

2）建立保洁队伍，实行分片责任制。

3）建立健全各种管理规章制度，加强对项目区环境卫生的管理。

4）加强宣传力度，提高生态环保意识。

5）加强环境卫生意识的宣传、教育，提高爱护卫生设施和保护清洁卫生的自觉性。

第4章

智慧农业赋能农业新质生产力

智慧农业在我国的应用与发展

早在20世纪80年代，我国就开始了智慧农业发展之路。经过数十年的发展，我国在作物栽培、病虫害防治、生产管理等农业智慧应用方面有了显著的进步。目前，随着大数据、物联网、云计算和人工智能技术的进步，我国智慧农业迎来规模应用期。

1. 智慧农业的内涵

影响作物生长的因素有很多，主要包括土壤、气候、水分、品种、病虫害等，作物的产量和质量是前述因素的综合结果。农民仅凭经验做决策已远远满足不了现代农业的需要。换句话说，现代农业需要借助大数据、物联网、人工智能等高科技实现科学种植。将数字产业扩展到农业领域，运用先进的互联网、物联网、人工智能以及大数据等"新基建"技术对农业生产经营进行智能化管理，将显著提升农业生产力水平和农产品品质。

智慧农业是依托互联网、物联网、云计算以及3S技术等现代信息技术与农业生产相融合的产物，通过对农业生产环境的智能感知和数据分析，实现农业生产精准化管理和可视化诊断。

具体来说，智慧农业以智慧生产为核心，精细化、智能化、集约化、科学化生产促进农业提质增效。通过3S技术、物联网技术监测农产品生产环境和生长状况，利用科学智能的农业生产遥控设备实时遥控管理农产品生产状况、水肥药食自动投放管理，从而提高农产品品质和产量，降低农业生产成本。通过大数据分析、农产品物流管理技术以及农产品品质检测技术，根据智慧农业生产决策系统中的农产品具体需求信息、物流信息以及农产品生长信息，针对性地定向确定农产品采摘、加工、仓储以及销售。

智慧农业是现代信息技术与农业生产、经营、管理和服务全产业链的"生态融合"和"基因重组"，可以从生产、加工、营销、销售等环节对传统的农业产业链进行升级，以提高农业效率。

总之，智慧农业是农业现代化发展的新模式，是集集约化生产、智能化远程控制、精细化调节、科学化管理、数据化分析和扁平化经营于一体的农业发展高级阶段。

2. 我国急需发展农业智能化

随着我国城镇化的快速发展，目前从事农业的人越来越少。

2021年5月11日，第七次全国人口普查主要数据公布，居住在城镇的人口为90199万人，占全国人口总数的63.89%；居住在乡村的人口为50979万人，占全国人口总数的36.11%。与2010年相比，城镇人口增加23642万人，乡村人口减少16436万人，城镇人口比重上升14.21

个百分点。随着我国新型工业化、信息化和农业现代化的深入发展和农业转移人口市民化政策落实落地，我国新型城镇化进程稳步推进，城镇化建设取得了历史性成就。2023年政府工作报告指出：过去十年，我国1.4亿农村人口在城镇落户。

因此，我国急需发展农业领域的智能机械化，研发新型技术，包括信息技术与传统农业的结合，从而解决今后"谁来种地"的问题。

近年来，在新基建的新背景下，从种植到养殖，从陆地到海洋，我国很多地方开始探索农业领域智能化，越来越多机械化、智能化的装备设施被运用到农业生产中。例如锚泊于黄海海域的10万吨级智慧渔业大型养殖工船"国信1号"就是一座移动的海洋牧场。"国信1号"外表看起来像货轮，但这艘船的船舱里有近9万立方米养殖水体和15个养殖舱。在养殖监控室，工作人员可以通过屏幕监控全船的氧气、投饵、养殖海水、养殖光照等各类系统运作情况，实时监测养殖舱内水体的温度、盐度、溶解氧和酸碱度。"国信1号"构建了船端智能化管控中心和船岸一体化智慧云平台，全船监测点对舱内水、氧、光、饲、鱼进行集中控制与实时监测，确保船岸一体联动，从而实现智慧化养殖。

3. 智慧农业广泛应用

目前，智慧农业在我国已经有着广泛的运用。以水产养殖智慧化中的增氧机控制器为例，增氧机控制器是利用各种传感器设备、网络传输、智能控制等物联网技术，适合各种淡水渔业养殖业增氧控制需求，实时监测环境温度、湿度、气压等参数。用户能够以参数为依据，通过手机App远程控制增氧机的启停，还能通过视频监控了解现场情况，做到足不出户，鱼塘尽在掌握。使用增氧机控制器能够防止鱼塘缺氧、提高饵料利用率、促进高产增产、节约用电成本和人力成本，适用于池塘养殖、围栏养殖、网箱养殖等多种水产养殖环境。

具体来说，增氧机控制器主要功能有：一是实时环境监测，通过精密的传感器设备，监测设备当前所处环境的温度、湿度、气压等数据，并将数据同步传输到手机端，用户可以直接在手机端了解到鱼塘实时环境信息，并根据收到的数据作出判断；二是远程控制增氧机，通过网络传输技术，用户能直接在手机 App 一键控制增氧机的启动或关闭，最高可同时控制 6 路设备，不用实地操作，节省了时间成本、经济成本和人力成本；三是现场视频监控，采集现场环境监控视频，用户可以通过手机查看鱼塘及周围环境状况，及时判断是否需开启增氧机，并查看增氧机是否正常运作，将风险降低；四是定时启动、异常告警，自带时钟功能，能设定任意时间自动启停，内置报警系统，当环境参数超过设定阈值时启动报警，并自动开启增氧机。在水产养殖中使用增氧机控制器，作用明显：一是保证鱼类摄食和生长所需条件，防止出现含氧过低导致的浮头、窒息死亡，或含氧过饱和引起的气泡病；二是降低 15%~45% 的人员劳动强度和成本，增产增效；三是避免人为失误，提高抗风险能力；四是定时开关增氧机，节省 15%~40% 的电力和 5%~10% 的饵料。

4. 智慧农业在现代农业产业园的应用

2017 年 3 月，《农业部 财政部关于开展国家现代农业产业园创建工作的通知》（农计发〔2017〕40 号）发布，指出国家现代农业产业园是在规模化种养基础上，通过"生产 + 加工 + 科技"，聚集现代生产要素，创新体制机制，形成了明确的地理界限和一定的区域范围，建设水平比较领先的现代农业发展平台，是新时期中央推进农业供给侧结构性改革、加快农业现代化的重大举措。

自2017年以来，我国不断推广现代农业产业园，且取得了明显的成绩。

下面以内蒙古扎赉特旗国家现代农业产业园为例进行说明。

【案例4-1】

内蒙古扎赉特旗国家现代农业产业园

扎赉特旗地处内蒙古自治区东北部，位于大兴安岭南麓向松嫩平原过渡地带，是国家乡村振兴重要粮食和畜产品生产基地。自2004年以来，粮食总产量稳定在10亿千克以上；2006—2010年连续五年被农业部评为"全国粮食生产先进县"。全旗生猪饲养量已达260万口，连续三年被评为自治区生猪调出大县，2010年成为全国生猪生产调出大县；肉牛饲养量25万头，肉羊饲养量达123万只，畜牧业产值占到农业总产值的46.9%。同时，扎赉特旗处于国家玉米、大豆优势产业带，是国家新增千亿斤粮食产能规划主产区的重点县之一。

一、主要建设内容

项目自创建以来大力发展水稻、旱作水稻、甜叶菊等优势特色产业，全力打造集智慧农业、科普教育、社会化服务和产权交易"四大平台"，实施科技创新引领、绿色提质增效、数字化生产示范、新型经营主体培育和品牌建设"五大工程"，把60万亩产业园打造成一二三产真正融合、产加销无缝对接的现代农业产业园，为实施乡村振兴注入了新动力。

内蒙古自治区兴安盟扎赉特旗国家现代农业产业园目前已建成"两菊两稻"生态景观基地20万亩;建成稻渔、稻鸭共养基地5万亩;绿色有机数字化生产示范基地达到10万亩。产业园综合产值达到67亿元,适度规模经营率达到71%,主导产业加工率达到99%,"三品一标"农产品认证比例达到85%,农产品订单率达到80%,农民人均可支配收入达到2.2万元。

二、案例借鉴

1. 大力发展智慧农业

产业园依托院士专家团队,建设了"物联网+智慧农业"科技服务中心,搭建了智慧农业和科技创新两个平台,并建设了院士工作站,实现了专家咨询、智能装备、田间预警、电商销售和农产品质量安全追溯等多种信息化服务功能。

2. 构建稳定长效利益联结机制

产业园构建稳定长效利益联结机制,积极引导新型农业经营主体与一般农户、贫困农户和村集体结成利益共同体,创造了多种联结机制,让农民更多分享产业链条上的增值收益,促进农户持续稳定增收。同时,积极推行"裕丰助贷"和"魏佳期货"等成熟的利益分配模式,通过金融互助和期货增值等方式,企业、合作社、农民之间建立一条稳定资金链,快速推动产业链发展,形成了各方共赢的利益链。

产业园采取农民入股和反租倒包方式,进行统一经营,即"合作社+农户+龙头企业",走订单农业和智慧农业之路。以创建国家现代农业产业园为龙头,培育了社会化服务农民专业示范社10家,实现了资源的整合和有效利用,促进农业与二三产业融合发展。

智慧农业项目加快落地

智慧农业的特征是生产精准化、管理可视化、决策智能化。调研发现，目前我国部分农村地区开始摆脱面朝黄土背朝天的传统耕种方式，各种高科技新设备大显身手。

近年来，全国很多地方都在利用新基建领域的新技术，对传统的农业生产方式进行智能化改造，并且建成了很多示范性的智慧农业项目，对我国现代农业发展起到了引领性的作用。

智慧大棚是智慧农业工厂的载体。以西红柿为例，水肥一体化无土栽培和滴灌设施由电脑控制，如有元素缺乏，系统会自动提醒，并自动调整水肥量，让西红柿始终处于最佳生长状态。封闭的大棚空间隔绝了病虫害，西红柿不喷洒农药，也不使用激素催熟，无污染。此外，智慧大棚种植的西红柿产量是传统种植方式的 5~6 倍，而用水量只相当于传统种植方式的 1/20。

2019 年 9 月，亚洲单体面积最大的大棚——山东德州智慧产业园定植启用。该大棚单体最大面积 400 余亩，科技感十足，新技术、新模式完全颠覆了传统的农业耕种方式，成为现代农业的具体体现。大棚运用的是一种超白压延散射玻璃，传统玻璃透光率为 89%，而这种特殊的玻璃透光率为 91.5%，阳光可以均匀洒在每一棵植株上面。大棚还充分利用物联网技术，使得大棚如同一个精细的车间。分布在大棚内的环境温湿度、土壤水分、二氧化碳等传感节点可实时采集棚内环境信息，并经无线通信网络传输到电脑终端，经后台大数据分析研判后，物联网平台可按照人工设置的参数，自动开关调节指定的环境调控设备，控制喷水、开关窗和帘幕等，实现精准控制浇水量、施肥量、温度、湿度等。通过先进技术，智慧农业大棚可实现农作物增产、增效、提质，而且能有效避免过度使用水肥造成的土壤板结、地力下降、环境恶化、农产品安全等一系列问题。

目前，大棚主要种植樱桃、番茄、心里红等8个品种农作物，经过测算与实际种植，在全年的生产季里，大棚内每平方米产量是传统温室的3~4倍。此外，由于大棚内基本实现零农药，利用熊蜂授粉并进行病虫害生物防治，种植出来的蔬果绿色、健康、无公害，采摘后可直接食用。

从靠天吃饭到依靠智慧大棚科技种田，从传统农民到进入农业科技公司变身新型农业工人……通过发展智慧农业，相当多的中国传统农民无论是生产还是生活跟以前都完全不一样了。

下面以安徽省砀山县智慧果园项目及广西某柑橘信息化建设项目为例进行说明。

【案例4-2】

安徽省砀山县智慧果园项目

一、建设目标

砀山县智慧果园项目坚持以政府引导、企业带动、农户参与、多方协作协同推进的原则，以砀山县酥梨生产、加工、储运、销售、服务等全产业链为中心，用现代化的理念推进砀山县酥梨产业数字化改造和应用，提升酥梨品质，促进果农增收，解决"大而不强、特而不优"，综合效益和竞争力较弱的问题，解决酥梨产业发展基础设施薄弱、产业链条不完善、产业要素活力不足、产业主体质量效益偏低等问题。

二、建设内容

项目利用大数据、人工智能、物联网、5G、区块链等新一代信息技术应用，先行实施三个"一号梨园"和万亩精品梨园（13个基地）智慧果园建设，从果园水肥一体化、病虫害绿色防控、土壤改良与肥力提升、果园数字化管理、果园机械化应用、果园园相整理等多方面综合提高果园现代化管理水平，实施园内水、电、路、沟、渠、互联网等基层配套设施建设，打造全国酥梨绿色标准化生产基地。

三、实施步骤

2021年重点实施三个"一号梨园"基地和万亩精品梨园（13个基地）智慧果园建设。2022—2025年，在先行基地建设的经验和基础上，逐年按比例完成全县酥梨智慧果园建设。

【案例4-3】

广西×柑橘信息化建设项目

一、建设原则

×柑橘信息化建设项目按照"智慧农业"的总体战略部署，坚持"顶层设计、整体规划、分步实施、注重应用"的原则，以保障有效供给、质量安全、农民增收为目标，以全面推动农业生产经营信息化为主攻方向，围绕农业生产信息化、农业经营信息化、农业管理信息化、农业服务信息化等主要建设内容，搭建以"农业物联网""农产品质量安全追溯"为核心的综合农业信息化管理平台。

二、建设意义

传统的农业生产经营方式已经不能适应现代农业发展的需要，项目将导入新技术、新服务模式和新商业模式，不但可以提升农业的经营管理能力、提升政府监管服务效率，还可以使新的科技发挥集成效力，有助于打造现代农业新的核心竞争能力。

三、建设内容

项目依托"智慧农业"总平台，从以下四个方面开展信息化建设：一是完成以物联网为核心的智慧生产管理体系；二是完善以"12316"为依托的综合信息服务体系；三是适度开展品牌O2O电子商务建设；四是建立以质量监测为基础的柑橘全过程可追溯系统。

项目一期主要建设内容包含初步监控中心、物联网、农产品追溯系统等。一是建立生产调度中心，对各企业的生产进行实时监控、管理和调度等；二是在观光大棚、生产大棚、基地等建立农业物联网管理系统；三是建立水稻物联网综合管理系统；四是建立蛋鸡、肉鸭养殖物联网综合管理系统；五是建立养殖物联网系统、冷链储运物联网系统；六是建立办公区视频监控管理系统。

农业物联网如何"接地气"

当前，我国农业正处在从传统农业向现代农业迅速推进的过程中。而现代农业从生产、经营、管理到服务的各个环节都需要信息技术的支撑，农业信息化是现代农业的重要标志。作为农业信息化的重要组成部分，物联网技术对现代农业起着重要的助推作用。

1. 农业物联网的概念和体系架构

农业物联网是指通过运用各类感知设备（如二维码识读设备、射频识别装置、红外感应器、全球定位系统和激光扫描器等），在大田精细种植、设施大棚、畜禽水产养殖和农产品质量安全监管等农业生产全过程，采集动植物生命体、环境要素、生产工具等各类相关信息以及其他虚拟物件，通过传感器网络、移动通信网和互联网传输通信；按照约定的协议和标准，将获取的信息进行交换、融合和处理，最后通过智能化操作终端，实现农业生产、经营、管理和服务的实时感知控制，确保精细化管理和智能科学决策，进而推进现代农业发展。

农业物联网体系架构可分为三个层次：第一层是信息感知层，是指通过各种传感器、遥感技术、摄像头、条形码、GPS技术等，对农业物理世界进行感知及信息采集，如作物生长环境、苗情长势、空间定位等信息；第二层是信息传输层，是指通过有线或无线网络将采集到的信息以一定的通信协议，向局域网、广域网等技术发布进行汇总，将远距离、大范围的农业物理通过信息传输与互联功能，整合到一起；第三层是信息应用层，就是对数据的处理和应用，形成数字化信息，最终实现环境可监测、生产可控制、质量可追溯。

2. 农业物联网作用明显

农业物联网是物联网技术在农业生产、经营、管理和服务中的具体应用，目前已广泛用于种植业、林业、畜牧业、渔业等各个涉农领域。具体来说，农业物联网是指面向种植业、林业、畜牧业、渔业等对物联网技术的需求，研发出的多功能新型集成化感知层产品、智能数据采集装置和控制装置。其通过智能化操作终端，实现农业生产产前、产中、产后的全过程监控、科学管理和即时服务，进而实现种植集约、高产、高效、优质、生态、安全和可追溯的目标，促进现代农业发展。

农业物联网在农业中的应用主要有四个方面：一是生产管理，通过光照、温度、湿度等无线传感器采集生产现场的数据参数和图像信息，远程控制、浇灌、开关卷帘/风机等设施；二是现场管理，利用有线或无线技术实时监控现场、厂区周围环境；三是销售管理，利用电子商务平台消除传统商务活动中信息传递与交流的时空障碍；四是溯源管理，利用RFID（射频识别）、二维码、读写器等实现产地环境监控，以及产后、贮藏加工、物流运输、供应链追溯等功能；五是工作管理，利用移动互联技术，使日常工作信息化、随身化、高效化。

进一步而言，利用物联网传感及成像技术采集图像、土壤、气象、病虫害等农业种植信息，将这些信息传输汇集到云端，建立作物、土壤监测和局部精准气象数据库，并具象化地呈现到农户的手机App，农户足不出户就能看到农作物生长状况。实时将监测系统所检测到的所有数据都开放给农业科技专家及政府相关部门，专家可以依据数据给出科学有效的种植、看护建议，政府有关部门也可利用数据作出决策安排。

3. 我国农业物联网快速发展

农业物联网行业发展前景广阔。目前，农业物联网生产管理系统在国内应用比较成熟。

（1）温棚物联网

温棚物联网通过搭建智慧温室系统平台，一是实时远程获取温室大棚内部的环境参数和视频图像；二是远程或自动控制湿帘风机、喷淋滴灌、内外遮阳、顶窗侧窗、加温补光、二氧化碳气肥机等设备；三是保证温室大棚内环境，为作物高产、优质、高效、生态、安全创造条件；四是根据作物长势或病虫草害情况，由农业专家给予远程农技指导。

在技术应用方面，在温室大棚安装农业物联网数据采集系统、生产智能控制系统等，实现对温室种植的精准化管理。温室大棚智能控制单元由测控模块、电磁阀、配电控制柜及安装附件组成，通过通信模块与管理监控中心连接。根据温室大棚内空气温湿度、土壤温度水分、光照强度及二氧化碳浓度等参数，对环境调节设备进行控制，包括内遮阳、外遮阳、风机、湿帘水泵、顶部通风、灌溉电磁阀、二氧化碳气肥机等设备。

需要说明的是，物联网数据采集终端是将土壤温湿度传感器、空气温湿度传感器、光照（太阳辐射）传感器、二氧化碳传感器、氨气传感器、硫化氢传感器、粉尘传感器、溶解氧传感器等这些节点集合在一起的一种采集设备，通过这些传感器可实时监测空气温湿度、土壤含水量、土壤温度、光照强度、二氧化碳浓度等信息，从而帮助生产管理人员及时发现问题，并且准确确定发生问题的位置。通过大量使用各种自动化、智能化、远程控制的生产设备，将农业逐渐从以人力为中心、依赖于孤立机械的生产模式转向以信息和软件为中心的生产模式。此外，物联网数据采集终端在传统的数据采集基础之上，还增加了农业信息推送服务，智慧温室系统可以根据设备所在地种植的农作物，给用户推送相应的信息，例如，根据作物生产周期推送施肥、用水信息，病虫害防治信息等。

（2）大田物联网

大田灌溉是物联网技术应用的重要表现，指利用土壤墒情采集装置，结合气象监测系统数据进行智能分析，实现远程自动灌溉，保障农作物生长所需水分。

通过对整个种植流程的精细测算，农业物联网技术在大田种植上可以有效节约化肥、水、农药等投入，对各种原料的使用量进行准确控制，让农业经营像工业流程一样连续进行，从而促进农业向集约化、规模化、产业化方向发展。例如，通过物联网技术对大数据的收集分析，掌握一棵白菜从发芽到成熟所需水和肥料的精确数值，以及浇水施肥的准确时间，这样不仅提高了产量和质量，而且将资源消耗降到最低。以一个深埋地下的简单喷嘴为例，它凝聚了大量的高科技，由电脑控制，依据传感器传回的土壤数据，决定何时浇水、浇多少水。通过物联网技术，不仅大大节约了宝贵的水资源，而且节约了人力成本（铺完管线以后，大量农田的灌溉由少数几名农民通过智能设备即可控制）。

在农业用水方面，数据显示，目前我国农村用水占社会经济用水总量的 62.1%，灌溉水有效利用系数[1]约为 0.53，相较于以往取得了明显的进步，但相对于发达国家的 0.7~0.8 尚有较大差距。如俄罗斯、德国、英国和以色列等国家的灌溉面积节水灌溉率均达到 95% 以上，而我国仅为 39.5%，因此节水农业在我国具有较大的发展潜力。

在大田中，即使相隔两三米远的两块土地，土壤的水分含量、营养情况、农作物的生长情况都可能不同。在为大田进行农事操作时，农业

---

[1] 灌溉水有效利用系数指灌溉期内，灌溉面积上不包括深层渗漏与田间流失的实际有效利用水量与渠道头进水总量之比。

机械会按照设定的路线工作❶，实现施肥、打药全部自动化，并通过GPS的记录与显示，将施肥区域与未施肥区域一一标注出来。在农业物联网与精准农业紧密结合的情况下，农业机械在土壤肥力传感器和处理控制软件的配合下，能够做到在肥力高的地方密植，在肥力低的地方稀植，还可以更换作物种子品种。

（3）畜禽养殖物联网

在畜禽养殖生产过程中，建立集传感器、智能监测与控制、移动通信等于一体的设施化养殖系统，实现畜禽育种及养殖、肉蛋奶生产、饲料生产、养殖场管理、畜禽圈舍环境控制、疫情监测及防治等方面的自动化、智能化。

物联网在畜禽养殖中的应用环节主要有以下几方面：

一是养殖场环境信息采集，采集的信息包括温度、湿度、粉尘、有害气体等。二是环境信息分析处理。畜禽养殖互联网模式下，对采集到的信息进行综合分析处理，结合养殖的动物种类、生长阶段等信息，通过后台模型算法，给出养殖建议。三是生产指导信息发布。通过手机向养殖户发布疫病信息、气象信息等，以指导养殖户科学养殖。四是远程控制。通过GPRS/Internet方式，远程控制水帘、风机开闭，自动投喂等。

以宁夏为例，近年来，宁夏高度重视各地农业物联网技术发展，大力支持农业物联网科技项目。由当地农业物联网工程技术研究中心研发

---

❶ 农业物联网环境下的农业机械是智能化的，通常安装有卫星导航系统、自动驾驶系统、计算机设备以及必要的传感器，实现对田间作物信息、土壤信息、环境信息的不间断监测；农业机械可以分析软件给出的信息，并准确地执行。

的"农业物联网技术研究与集成示范"技术，有力推进了物联网技术在全区优势特色农业中的应用。该技术实现了大田土壤肥力快速检测和作物苗情、墒情、病虫草情和灾情信息采集。建立农产品质量溯源系统，通过建立"1+4"优势特色产业质量安全溯源系统架构，制定基于物联网技术的特色农产品质量安全溯源技术标准，提高了农产品质量安全水平，增加了产品附加值。同时，成功实现畜牧养殖智能管理。利用电子耳标、视频识别等技术实时跟踪检测生物的进食、活动、体重、生产等生理信息；利用智能传感器实时采集养殖场的温度、湿度、气压等环境信息；利用二维码和无线射频等物联网技术高效记录畜牧产品的溯源信息，实现畜牧养殖从生产到销售的全过程智能化管理。

宁夏农业物联网技术部门还积极创新服务模式，推动农业物联网技术快速推广应用。以产业扶持政策为契机，积极与各级政府和产业部门洽谈沟通，开发"政府购买、企业租用"的物联网服务新模式，降低了企业使用成本，丰富了农业物联网技术的服务渠道。

4. 农业物联网综合支撑服务平台

所谓农业物联网综合支撑服务平台，是在日常生产与科研管理规范的基础上，将网络、图像、传感、专家智能化等技术进行集成，建立了一套基于Web方式的生产管理、视频监控、气象观测、专家指导的信息平台。平台按照农产品的生长周期和关键环节管理建立一套智能化生产管理系统，系统对采集的数据进行智能化分析，为生产管理人员提供辅助建议。

下面以托普云农物联网平台助力山伢儿早园笋打造产供销一体化为例作出说明。

【案例 4-4】

浙江省德清县山伢儿早园笋是由德清县林业局、农业局、供销社、农合联等联合打造的一个县域优农品牌项目，目的是加强农业供给侧结构性改革，突破德清早园笋品牌的发展瓶颈，实现早园笋传统生产、管理、经营模式的转变，创新农产品发展模式，打造早园笋品牌名片，提升早园笋品牌价值，推动早园笋经济发展，从而带动德清农业经济的提升。

托普云农结合德清县智慧农业云平台阶段性需求，通过标准化生产、产业化经营、品牌化营销、链接云平台等方式打造了极具德清特色的产供销一体化模式，大大提升了早园笋产品质量，推动了早园笋产业融合，实现产业转型，为打造德清早园笋县域优农品牌，提供了重要的技术与营销支撑。

托普云农帮助山伢儿早园笋在示范区域部署建设一批农业生产环境监测设施，通过动态监测生产环境，辅助决策，对早园笋的生产进行科学的管理，利用物联网技术，实现早园笋种植基地的远程监测、土壤监测改良、生长环境异常预警等，保障早园笋种植生产安全，提升早园笋的产量与质量。

山伢儿早园笋是托普云农辅助德清农业供给侧结构性改革的经典案例，它以消费者为导向，运用了托普云农研发的农产品质量安全追溯系统，实现了全程数字化认证。通过健全采摘、分拣、初加工、监测、包装、物流等环节标准化系统化管理，实现信息透明化录入、管理、查询，建立早园笋包括在生产、运输、管理、销售等环节的完整信息链，实现产品信息全程可追溯。

山伢儿早园笋项目有效地促进了德清县农业资源管理数字化、农

> 业设备装备智能化、打造了一批德清县区域农产品品牌。通过托普云农在产端与销售端的渠道打通，早园笋产品实现与电商的"无缝衔接"。通过和京东商城合作开设山伢儿生鲜专营店，优化了早园笋销售经销模式，由"种得好"向"卖得好"转变。

以信息化建设推动发展农业新质生产力

新质生产力是创新起主导作用，摆脱传统经济增长方式、生产力发展路径，具有高科技、高效能、高质量特征，符合新发展理念的先进生产力质态。相较于传统生产力，新质生产力依托基础科学、前沿技术等，实现了生产力在质态和创造新价值上的转变与跃升，从而能更好支撑高质量发展、构建新发展格局。

加强信息化基础设施建设，赋能农业新质生产力。农业新质生产力是新质生产力在农业领域的具体呈现，其核心在于以科技创新为动力，以信息化发展为手段，以农业经济全要素生产率提升为核心标志，具有高科技、高效能、高质量等特征。农业信息化是指在农业领域全面地发展和应用现代信息技术，使之渗透到农业生产、研发、市场、消费等各个具体环节以及农村社会、经济、文化、旅游等各个领域的全过程。

1. 我国农业信息化发展背景

近年来，国家提出"全面实施信息进村入户工程""百万农民上网工程""加快数字农业农村建设"等，着力强化广大农村地区的通信基础建设，扩大网络覆盖，培育农村青壮年劳动力掌握电脑操作和电商平台使用能力，使信息成为农业领域的重要生产要素。

在此背景下，我国互联网、物联网、大数据、人工智能、5G网络建设等信息技术迅猛发展，加速了我国农业信息化的进程。目前，我国在大规模种植养殖业、园艺、商超及物流等领域已开始使用物联网、人工智能和大数据技术，植保无人机、智能大棚设施、动物饲喂自动化设备、远程植保病理诊断系统等都已有较大范围应用。总的来说，我国农业信息化快速发展，基于农业信息化的现代农业装备为农业产业转型升级、降低劳动力成本、提高产品质量、提升产品附加值等发挥了巨大作用。

2. 农业信息化衡量标准

农业信息化衡量标准有其特殊性：一是农业信息化的基础设施建设，包括通信网络、计算机网络、宽带、电话用户等；二是农业信息技术装备，包括计算机的拥有量、网站数量及其他通信设备等；三是农业信息资源的开发利用，包括农业数据库的种类和数量、农业信息资源获取量、农业信息资源的再开发和利用；四是农业信息技术的普及和应用，包括各种农业信息技术的用户数；五是农业信息化对农业发展的贡献率，包括农业信息技术的采用在农业生产总值中所起的增值作用，也就是农业信息化在农业总产值中所占的比重。

3. 农业信息化的特征

（1）网络化

农业信息化的典型特征之一便是网络化。

调研发现，发达国家农业信息化基础扎实、网络发达。如美国众多农业公司、专业协会、合作社和农场已经普遍使用计算机及网络技术。

以美国伊利诺伊州为例，该州67%的农户使用计算机，其中27%农户运用网络技术。美国政府每年拨款15亿美元建设农业信息网络，已建成世界最大的农业计算机网络系统AGNET，该系统覆盖了美国国内的46个州、加拿大的6个省和美加以外的7个国家，连通美国农业部、15个州的农业署、36所大学和大量的农业企业。用户通过家中的电话、电视或计算机，便可共享信息资源。再以日本为例，早在1994年底，日本就已开发农业网络400多个，计算机在农业生产部门的普及率已达93%，日本政府"绿色天国"计划是在21世纪使所有农民拥有计算机。

（2）综合化

农业信息化是数据库技术、网络技术、计算机模型库和知识库系统、多媒体技术、实时处理与控制等信息技术的结合。此外，农业信息化还是信息技术和现代科技尤其是农业科技的结合，例如信息技术与生物技术、遥感技术的结合日益紧密，使农产品的生产过程和生产方式大大改进、农业现代化经营水平也不断提高。

（3）全程化

农业信息化技术应用不再局限于某一独立的农业生产过程、单一的经营环节、某一有限的区域，而是横向和纵向拓展，其涉及农业生产、加工、营销、管理、金融、服务等全过程，且在种植业、养殖业等领域有不同的应用。

4. 信息技术在农业领域的应用

信息技术在农业领域的应用大致有以下几个方面：农业生产经营管理、农业信息获取及处理、农业专家系统、农业系统模拟、农业决策支持系统、农业计算机网络等。农业中所应用的信息技术包括：计算机、信息存储和处理、通信、网格、多媒体、人工智能、3S技术［即地理信息系统（GIS）、全球定位系统（GPS），遥感技术（RS）］等。

实践证明，通过信息化建设可以推动农业向更高质量、更可持续的方向发展。一是改进农业生产流程，二是提高农产品产量，三是提升农产品质量，四是降低农产品生产经营成本，五是促进一二三产业融合，实现农业的科技化、绿色化、品牌化。

例如，以色列在养殖场中高效利用信息化技术，奶牛的健康状况、进食量、进食质量、产奶质量和产奶量等检查均通过无线通信系统操作。实际操作中，利用仪器终端对奶牛进行身体体温测量，再通过无线信号将所测的数据反映给计算机中心，由计算机进行自动分析和处理，然后根据分析结果来断定该奶牛当前的健康状况，如果需要医治的即刻生成医治报告等。

近年来，我国大力推广和应用农业信息化技术。例如，国家把"五区一园四平台"作为推进农业供给侧结构性改革的重要抓手，并在资金、土地、税收等政策方面大力支持。"五区"指国家现代农业示范区、粮食生产功能区、重要农产品生产保护区、特色农产品优势区、农业可持续发展试验示范区。"五区"是我国农业现代化建设的排头兵，是保障国家粮食安全和重要农产品供给的主力军。"一园"是指现代农业产业园，这是打造现代农业示范的载体、现代农业技术装备集成的载体、新主体"双创"的载体、优势特色农业发展的载体、农村一二三产业融合的载体。"四平台"是指农产品质量安全追溯平台、农兽药基础数据平台、重点农产品市场信息平台、新型农业经营主体信息直报平台。这四个平台将用信息化手段提升现代农业管理水平。"五区一园四平台"项目投资规模大、国家和地方政府高度重视、各项政策大力支持。金融机构应重点抓住"五区一园四平台",跟随国家现代农业发展的方向,金融助力乡村振兴,实现社会效益和经济效益。

下面以安徽省砀山县黄桃标准化生产基地建设项目为例作出说明。

【案例 4-5】

安徽省砀山县黄桃标准化生产基地建设项目

一、项目投资情况

项目流转农用地26000亩,其中设施农用地2000亩。

项目总投资约3.57亿元,其中:基础设施改造部分约1.05亿元(亩均4038元)、温室大棚建设9436万元(亩约4.7万元),建设期土地流转费5200万元(每年亩约1000元),信息化系统、水肥一体化系统及绿色防控系统建设投入8546万元,购置防霜机800万元,其他费用1218万元。

二、项目收入测算

本项目收入来源为黄桃种植收入。共种植黄桃26000亩,按照每亩产量2000千克测算。根据近几年黄桃市场行情,按照3.5元/千克测算,项目年产值约18200万元。

农业大数据是现代农业的核心驱动力

精准化、网络化、智能化是未来农业发展的方向。

大数据是解开我国农业发展困境的一把钥匙,包括生产、加工、销售、市场预测、农民征信、农业金融等都需要建立在数据分析的基础上。

1. 发展农业大数据的重要意义

2015年12月，农业部发布《关于推进农业农村大数据发展的实施意见》（农市发〔2015〕6号），指出要深刻认识农业农村大数据发展和应用的重要意义，一是农业农村大数据已成为现代农业新型资源要素。当前，大数据正快速发展为发现新知识、创造新价值、提升新能力的新一代信息技术和服务业态，已成为国家基础性战略资源，正成为推动我国经济转型发展的新动力、重塑国家竞争优势的新机遇和提升政府治理能力的新途径；二是发展农业农村大数据是破解农业发展难题的迫切需要。我国已进入传统农业向现代农业加快转变的关键阶段。突破资源和环境两道"紧箍咒"制约，需要运用大数据提高农业生产精准化、智能化水平，推进农业资源利用方式转变。

目前，我国农业产业正处在从小农经济❶为主向规模化、机械化、集约化过渡的阶段，这为农业大数据应用提供了巨大的空间。

2. 农业大数据的特点

（1）涵盖农业生产过程的全要素

农业大数据涉及面广，涵盖农业生产过程的全要素，主要包括宏观要素、社会要素、经济要素、政策要素、成本要素、价格要素、供求关系等。具体来说，主要包括投入要素（种子、化肥、农药、农机等）、环

---

❶ 小农经济也称"个体农民经济"，指以家庭为单位、生产资料个体所有制为基础，完全或主要依靠自己劳动，满足自身消费为主的小规模农业经济。其中，有的以自有土地经营，有的以租入土地经营。小农经济的主要特点如下：一是在小块土地上使用落后的手工工具进行分散经营；二是生产水平低，抵抗自然灾害的能力弱；三是经济地位不稳定，在私有制占统治地位的社会易走向贫富两极分化。

境要素（气候、气象、地理环境、土壤等）、操作要素（农事操作、农机与农具的搭配等）和管理要素（规模、效率、投入、产出等）。

（2）涉及农业产业链的全过程

农业大数据涉及农业产业链的全过程，重点是生产、加工、销售，主要包括三个方面，一是金融大数据（融资、数量、期限、利率、还款方式、保险、期货、收入、效益等），二是产业大数据（作物、品种、投入、生产、产出、销售、加工、损耗、成本、效益、投入产出比、资金周转率、仓储、物流、库存、开工率等），三是消费大数据（消费群体、水平、地域、渠道、年龄、偏好、品类、数量、频次、时段、价格敏感度、支付方式、重复购买率、品牌忠诚度等）。

3. 农业大数据技术

农业大数据技术包括获取技术和处理数据技术。

（1）农业大数据的获取技术

农业大数据获取的技术包括：遥感技术（卫星遥感、无人机遥感、有人机遥感、定点摄像头等）、气象技术（气象卫星、气象雷达、气象基站、无人自动气象站等）、探测技术（照相机、摄像头、探测设备、传输设备）、定位技术［GPS、北斗、伽利略、格罗纳斯、RTK（实时动态差分技术）等］以及各种有线和无线传输技术。

相比工业大数据技术，农业大数据获取技术对于技术的多样性和复杂程度要求更高，根本原因在于工业大数据技术面对的是非生命物质，农业大数据面对的是开放环境生长的动植物生命，技术更为复杂。

（2）农业大数据的处理技术

农业大数据的处理技术包括数据库参数、算法、模型小程序、App、软件功能、模块、系统、平台、SAAS 云计算、区块链等。

4.农业大数据应用

近年来，我国农业大数据开始应用于生产实践中，呈现快速发展的态势。

下面以安徽省某水果产业互联网平台为例作出说明。

【案例 4-6】

安徽省×水果产业互联网平台

安徽省×水果产业互联网平台，为政府提供服务，同时促进水果产业融合，延长产业链、优化供应链、提升价值链，打造涵盖种质资源保护、生产、加工、流通、科技服务于一体的有竞争力的乡村振兴重点项目。

一、建设在线交易平台

充分发挥各方面的力量，串联整个水果产业链，打通农户、合作社、分销商、下游加工企业的线上交易，实现供需匹配。建立地理标志水果分等定级、包装、冷链运输等全部环节的解决方案，以及质量检验、清理筛选、分级包装等一整套标准化体系。

二、构建智能化仓储物流服务系统

提供仓储物流服务信息的实时查询，浏览在线货物跟踪，实现配送线路规划、物流资源调配、货物检查等。通过产业互联网的交易机制和遍布全国的交割仓库，对仓储物流进行标准化、信息化，实现客户远程在线交易，提升仓储物流资源使用效率，降低酥梨物流成本，缩短物流时间，提升酥梨质量安全水平。

> 三、建设在线农技服务体系
>
> 建立开放式、各方共同参与的农技服务，利用物联网、人工智能技术，引入专家、农机合作社、技术交易所等各种服务资源，为平台所涉及的农户、专业合作社提供产前、产中、产后的农技服务，提升服务能力和效率。
>
> 四、建设水果标准体系与在线标准查询系统
>
> 建立集成水果生长环境、用肥用药、仓储物流到销售全过程的标准体系，形成质量大数据。对外开发在线查询系统，提升整个产业链的质量管理水平。
>
> 五、建设在线补贴管理系统、行情资讯系统和其他产业链赋能系统
>
> 提升整个水果产业链的供应链数字化水平，降低整个水果产业链的运营成本。

建设数字乡村基础设施

数字乡村是网络化、信息化和数字化在农业农村经济社会发展中的应用，以及农民现代信息技能的提高而内生的农业农村现代化发展和转型进程，既是乡村振兴的战略方向，也是建设数字中国的重要内容。2018年1月出台的《中共中央 国务院关于实施乡村振兴战略的意见》明确提出，要实施数字乡村战略，做好整体规划设计，加快农村地区宽带网络和第四代移动通信网络覆盖步伐，开发适应"三农"特点的信息技术、产品、应用和服务，推动远程医疗、远程教育等应用普及，弥合城乡数字鸿沟。同年9月印发的《乡村振兴战略规划（2018—2022年）》

也提出数字乡村建设的任务内容。2019年5月,中共中央办公厅、国务院办公厅印发《数字乡村发展战略纲要》,提出加快乡村信息基础设施建设等重点任务。

数字乡村建设内容主要包括:农业农村基础数据资源体系、重要农产品全产业链大数据、农业农村大数据平台、渔船渔港信息管理平台、农业农村大数据创新应用、农业物联网示范应用、优质农产品网络销售、信息进村入户、完善县乡村三级物流体系、统筹建立县乡村三级农产品网络销售服务体系等。

1. 数字乡村基础设施建设需求大

目前,我国大多数乡村管理工作没有数字系统支持,存在工作效率不高、有失泄密风险隐患等问题,对数字基础设施建设需求很大。

下面以陕西省某县数字乡村基础设施建设为例作出说明。

【案例4-7】

陕西省×县数字乡村基础设施建设

陕西省×县驻村工作队经过调研,驻村工作队无统一的管理系统,所有的信息都是通过微信和电话传输、保存,存在数据报送实效性慢、数据被泄露的问题。因此,需要为×县驻村工作队开发一个数字化系统,主要内容包括:

1)驻村工作队员的管理,包括管理驻村工作队员的请、销假,记录驻村工作队员的日常工作。

2)各单位需要上报数据的统计模块。事件发生时及时将该事件登记在系统中,需要数据时,随时在系统中提取数据。

3）特殊孩子、老人帮扶信息的跟进模块。把资助单位资助的孩子、帮扶的老人录入信息系统，实时将孩子和老人的动态记录在系统中，做好后评价工作。

4）乡贤、致富带头人的管理模块。把本县乡贤、致富带头人的详细信息录入系统，根据所需及时联系相应的人才。

5）大学生的管理模块。把本县的大学生录入系统，关注大学生的上学、就业，争取当地的大学生回家就业，建设家乡。

6）项目管理等模块。把项目按照潜在项目、审批项目、存量项目录入系统，根据需要随时调阅相关项目动态。

数字化系统可以帮助驻村工作队实现帮扶工作过程的自动化和智能化，使工作效率得以提升，同时也能够减少人工成本和资源浪费。通过数字化技术，能够实现信息的共享和协同，避免信息孤岛和重复劳动，提高内部流程的协同效率和准确性，更加高效地管理内部流程，优化驻村工作队的各项业务流程，提高驻村工作队的工作效率和质量。

2. 数字乡村工作站建设

数字乡村工作站为小微农企、农民专业合作社、农民和基层公务员等主体服务，充分引入市场化机制，推动网络运营商、生活服务商、平台电商、金融服务商、系统集成商、信息服务商等服务融入数字乡村工作站，完善公益服务、便民服务、电子商务等功能。使农民享受到线上线下便捷、经济、高效的生产生活数字化服务，缩短基层"数字鸿沟"。

数字乡村工作站主要通过数字化发挥其在基层调解过程中的作用，强化资源整合、服务队伍组建、整合现有益农信息社、农业经营主体、各类服务代办点；加大政府扶持力度，按照有场所、有人员、有设备、有宽带、有网页、有持续运营能力的"六有"标准，建设数字乡村服务站，站点负责人为村"两委"成员，要有专门用于信息服务的场地，配备计算机、专用电话、视频设备、打印机等硬件设备，接入互联网光纤，为老百姓提供 Wi-fi 环境，使用统一标识。

数字乡村工作站具备以下功能：

（1）便民服务

通过政务上网提高办事效率，可缩短群众的办事时间，着力解决服务群众"最后一公里"问题。主要包括灾情上报和城乡低保、特困供养、医疗救助、临时救助、老年人优待等便民事项办理。

（2）政务公开

促进政务公开，提高政府工作的透明度，全面保障群众的知情权、参与权和监督权。主要包括政务宣传、党务监督、财务公开和村规民约等。

（3）乡村特色

围绕乡村独特产业，打造互联网名片。通过借助互联网技术，融合农产品、农业发展及特色旅游资源，改变农村传统经营模式，增加农民经济收入，主要包括农村电商、乡村旅游、智慧农业等。

（4）应急指挥

通过应急指挥提高政府保障公共安全和处置突发公共事件的能力，最大限度预防和减少突发公共事件及其造成的损害。以视频监控、应急广播信息共享为核心，建成重点区域监控调度网，实现联防联动、实时监控、安全监管，保护居民人身财产安全。

数字乡村工作站的盈利模式主要包括以下三种：建站财政补贴、政府采购服务和市场自营服务。具体来说，建站财政补贴指数字乡村工作站在改造或建成之后，依据认定申报规定，向县政府申请专项财政补贴；政府采购服务指县政府发布数字农业项目现代化改造和乡村建设任务中所需信息采集等产品或服务需求，由数字乡村工作接收执行任务，根据任务执行数量和质量，由政府向数字乡村工作站支付相关费用；市场自营收入指数字乡村工作站为农企、农民合作社、家庭农场、农户或基础公务人员提供公共服务协理、生产经营协理等服务获得的收益。

3. 数字乡村成效显著

近年来，在国家大力推进下，各地推进数字乡村建设，并且涌现出了一批典型案例。

下面以安徽省砀山县数字乡村建设、某县智能水务一体化建设、四川省万源市国家储备林建设项目为例进行说明。

【案例 4-8】

安徽省砀山县数字乡村建设项目

一、基本情况

为加快推进砀山县数字乡村建设，助力乡村振兴，砀山县制定"1+4+1+1"数字乡村建设实施方案，即：智慧果园建设（砀山梨园的标准化改造），"四基"建设（乡村基本公共服务、乡村基础公共设施建设、基层治理、基层党建的数字化改造），砀山酥梨产业互联网平台和数字乡村工作站建设。

二、"四基"建设

1. 农村基础设施建设

建设目标：以农村基础设施建设为抓手，深入推进乡村振兴战略，坚持补短板、强弱项，不断完善农村基础设施。

建设内容：实施农村饮水安全、农村住房安全、农村沼气、农村道路、农村电力、农村污水处理、农村改厕、农村垃圾转运等基础设施建设，继续推进农村"厕所革命"，大力提升乡村风貌。

实施步骤：2021年重点在良梨镇1~2个村（郭庄、崔庄）实施农村改厕管养数字化体系建设，2022—2025年完成全县改厕户数字化体系建设，补齐基础设施短板。

2. 基本公共服务

建设目标：基本公共服务体系更加完善，体制机制更加健全，在学有所教、劳有所得、病有所医、老有所养、住有所居等方面持续取得新进展，基本公共服务均等化总体实现。按照农业农村部宅基地管理数据标准，应用房地一体成果数据，支持与不动产登记衔接、与产权交易系统对接，自动生成规划许可、批准书、"三到场"图形坐标、各类统计汇总表格成果，满足政府审批及管理需求。完善农村土地承包经营权信息的管理、登记和运维等功能，切实提高土地承包经营权登记工作的信息化水平，实现对集体经济组织经营状况及资金往来监测及预警分析，农村集体资产、农村土地承包经营权等11类产权信息在线注册、发布、竞价、签约等。

建设内容：农村土地承包管理、农村宅基地管理交易、综合产权交易管理、农村土地确权档案数字化、农村集体经济组织数字化管理、经营主体管理、农业投入品监管、基本公共教育、基本劳动就业创业、基本社会保险、基本医疗卫生、基本社会服务、基本住房保障、基本公共文化体育、残疾人基本公共服务等。

实施步骤：2021年重点完成农村基本劳动就业网络体系建设，完善"梨都务工易"微信小程序功能模块，实现精准就业数字化。完善农村土地承包管理平台、农村宅基地管理交易平台、综合产权交易管理平台、农村土地确权档案数字化管理平台、农村集体经济组织数字化管理平台、经营主体管理系统、农业投入品监管系统开发运营。2022—2025年全面完善基本公共服务体系。

3. 基层治理

建设目标：充分发挥党组织领导作用、健全乡村治理工作体系、调处化解乡村矛盾纠纷、持续推进平安乡村建设，确保农村社会和谐稳定。

建设内容：通过数字化管理手段，实施人民调解、综合治安、基层治理雪亮工程建设，健全乡村治理工作体系、调处化解乡村矛盾纠纷数字体系。实施农村环境卫生综合治理、继续推进农村环境"三大革命"，加快村务公开、村民信箱等农村基层治理数字建设，包括村情概况、村规民约、村史馆、名胜文物等村情信息组成。持续健全小微权力监管平台。

实施步骤：2021年重点实施人民调解、综合治安、基层综合治理系统平台、基层治理雪亮工程建设，加大农村环境卫生综合治理、继续推进农村环境"三大革命"。2022—2025年健全乡村治理工作体系、调处化解乡村矛盾纠纷数字体系。实施农村环境卫生综合治理、村务公开、村民信箱等农村基层治理数字建设。

4. 基层党建

建设目标："砀山县数智党建"是现代社会党建工作的一种新理念，运用互联网、大数据等新一代信息技术，让党建工作打破传统条件限制，将"资讯、党务、学习、服务"等内容进行整合，实现党建工作一体化、智能化、信息化管理。推动传统党建的"面对面"与数智党建的"键对键"有机结合，方便党员、群众随时随地获取党务、村务、服务等信息，实现党员通过手机端缴纳党费、参加组织生活和年度考核，推动党建工作从封闭向开放转变、单边向互动转变、传统向现代转变、管理向服务转变、被动向主动转变，形成"党支部就在身边"的体验和感受。

乡村振兴数字化改革进程中，着力锻造一支履职尽职负责的高素质干部队伍，全面提高新时代党的农村基层组织建设质量，确保乡村振兴的政策措施和决策部署在农村得到贯彻落实。

建设内容："砀山县数智党建"是按照"互联网+党建"的思路，以全县各基层党组织和党员为管理、服务对象，自上而下开发部署的一套党建应用系统，由党组织和党员管理平台（PC端）和手机微平台（移动终端）组成，服务平台共同搭建线上线下、党员和党组织紧密联动的党建工作信息化体系架构，实现党组织管理和党员教育管理服务的网络化、动态化和智能化。

实施步骤：2021年完成智慧党建的"数智党建"平台建设工作。2022—2025年建立完善基层干部队伍建设及绩效管理体制。

【案例4-9】

×县智能水务一体化建设项目

一、项目背景

×县为南水北调受水区，正在实施的江水置换工程可将全县的农村生活水源置换为引江水，并对部分小区、城中村及农村计量设施及管网进行改造，可改善当地供水环境，缓解区域内的用水问题。

×县企业用水为地下水，一方面企业用水得不到满足，引江水消耗不足，另一方面×省委办公厅、省政府办公厅联合印发《关于严格控制地下水开采的通知》，强调严格控采地下水，南水北调受水区机井将全部关停，急需进行水源置换工程，可促使南水北调工程效益最大化。

二、建设内容

项目分为三个工程：企业水源置换工程、城区管网改建工程、农村管网改建工程。

1. 企业水源置换工程

工程为新建×家无直供条件企业的供水外管网，将地下水源置换成水厂处理后的引江水，预测年用水量为×万立方米，工程共铺设供水管道×千米，各类阀门及水表井×座。

2. 城区管网改建工程

工程为改建县城×个小区及×个城中村供水管网，共计×户，并安装智能水务系统工程，共铺设管道×千米，更换智能水表×块。

3. 农村管网改建工程

工程为改建×个乡镇、×个村的村内管网及安装智能水务系统，供水人口×人，工程共铺设管网×千米，更换智能水表×块。

三、项目资金来源

项目预计投资金额为×万元，其中：资本金×万元，占比×%，满足《国务院关于加强固定资产投资项目资本金管理的通知》（国发〔2019〕26号）要求，拟申请债券资金×万元，占比×%。

四、项目收入预测

根据×县物价局、×县水务局《关于调整南水北调终端水价的通知》，全县实现城乡供水一体化的目标，增加用水量和制水成本，五年后居民用水价格逐步达到不低于×元/立方米，非居民用水价格不低于×元/立方米，特殊行业用水价格不低于×元/立方米。

项目收入来源：生活用水收入、工业用水收入和特殊行业用水收入，运营期内预测收入合计×万元。项目收入稳定，收入结构具有一定的科学性和合理性。

五、项目成本

项目运营成本主要包含原水费、动力费、药剂费以及其他费用，其中：原水费×元/立方米、动力费×元/立方米、药剂费×元/立方米、其他费用×元/立方米。

六、项目评价

项目的建设符合国家宏观经济政策和产业政策，符合城乡总体规划和相关政策。从整个项目的长远影响看，×县城区管网改建和农村管网改建工程，可以解决城中村及农村管网历史遗留问题，改善×县地区供水环境，缓解区域内的用水问题。企业水源置换工程可促使南水北调工程效益最大化，具有显著的社会效益和经济效益。

【案例4-10】

四川省万源市国家储备林建设项目

一、项目基本情况

2022年8月23日，中国农业银行四川省分行向项目业主万源市真硒农业投资开发有限公司成功授信9.8亿元。8月29日，万源支行300

万元项目贷款首笔发放到位，中国农业银行商业金融支持国家储备林项目建设首笔贷款落地万源市。❶

二、农民多元化增收

项目林地流转预算总金额为1.76亿元，占总投资的13.61%，形成农民和村集体的直接经济收入。同时，商品林产业收入对农民和村集体实行收益分红，形成远期经济收入，进一步增强农民、村集体自身经济的造血功能。

项目建成后，在林木种植、采伐、林产品加工生产及销售等产业链中需要大量人力支持，当地农民将被招聘为储备林产业工人，就地就近就业，获得工资性收入。当地农民的经济收入由过去单一的"种植业"转换为多元化的"林权资产+"模式。

三、企业多方面受益

项目建成后，22万亩国家储备林每年的木材积蓄量将达到223.96万立方米，较之前翻将近一倍，缓解四川木材需求缺口将近10%。

此外，22万亩商品林地的树种更新为乡土树种、珍稀名贵树种、大口径树种，将有效改善和提升环境，大幅提升氧气释放能力和二氧化碳吸收能力，从而形成潜在的碳汇资产，回报当地。据《万源市国家储备林及乡村振兴产业发展项目可行性研究报告》数据，22万亩林地年可吸

---

❶ 此后，中国农业银行四川达州分行又相继对渠县、开江、大竹、达川、宣汉5个区县的国家储备林建设项目开展金融服务，全方位支持达州国家储备林建设，助推乡村振兴。截至2023年11月22日，达州分行已完成向万源、渠县、开江3个市县总规模45.89万亩的国家储备林项目授信，合计授信金额为24.7亿元，用信3.2亿元。已授信的3个县市正在按照国家储备林建设项目方案全力推进项目建设工程。

收二氧化碳409.85万吨，释放氧气299.3万吨，按目前50元/吨的碳汇交易价格测算，在经营期内可实现碳汇交易收益2.05亿元。

四、金融和科技共同赋能

项目将实行"智慧林业"模式进行管理。在项目贷款的调查、审查、审批过程中，中国农业银行就考虑到了"智慧林业"的发展趋势和项目需求，因此授信总额安排中兼顾了"智慧林业"场景建设的资金需求。

在"智慧林业"三大系统（森林防火设施系统、有害生物防治系统、科研监测系统）的建设中，22万亩国家储备林将建资源监测硬软件1套、设置监测样地10个，并配备无人机检测设备10台。

"智慧林业"系统的建立将大大降低国家储备林管理的人力资源成本，提高管理效率，实时维护林业安全，减少森林火灾、病虫害、盗伐等风险事故，更高效保障人民群众和国家利益。

建成后，中国农业银行搭建的金融"智慧林业"场景也将与国家储备林"智慧林业"平台系统对接融合，从而实现功能互补，更好地服务国家储备林项目，也有利于加强贷后管理、林木产品经营和资金监管。

第 5 章

多元化融资渠道助力乡村基础设施建设

乡村振兴资金之困

乡村振兴需要真金白银。目前,我国经济发展趋向缓增长,地方政府财政压力大,社会资本投资也比较谨慎,乡村振兴面临资金困难。

1. 乡村振兴投资巨大

经过估算,在"十四五"期间,如果要完成中央要求的乡村振兴任务,需要投资48万亿元,资金来源主要有以下几个渠道:一是政府,二是金融机构,三是社会资本。具体来说,中央政府和地方政府合起来,每年用于农、林、水的投入大体上是2.2万亿元,四年投资约占20%,剩下的80%左右要靠金融机构和社会资本来共同完成。

2. 乡村振兴基础设施建设资金痛点

兵马未动,粮草先行。基于农村基础设施等"三农"问题明显的(准)公共产品定位,需要政府投入并承担主导责任。土地财政和政府投融资平台部分解决了钱从哪里来的问题，但在政府财政压力大、经济基础普遍较弱、发展水平整体不高的广大乡村，要完全依靠政府投资并不现实。根据中诚信国际统计，2020年全国约六成区县财政自给率不足50%，超三成区县低于30%。地方政府既要保持经济快速发展，又面临着缺钱的现实问题。

3. 农村金融的需求

农村金融的需求可以分成两个层次。第一个层次是基础性需求，主要涉及农业生产领域，即农户需要的化肥、农药、种子等农资。农户春天购买农资需要贷款，秋天收获以后再还款，这是一个简单再生产逻辑关系。还有就是农户的生活性消费，这些是量大面广的农户需求，当然一些家庭农场和合作社也有这些基础性需求，这些需求更多的是周转性的资金需求。目前，我国在满足这样的基础性需求方面成效不错。第二个层次是发展性需求，当前农村金融主要难在这里。发展性需求主要包括扩大再生产，相当一部分个体农户、家庭农场、农民合作社和农业产业化龙头企业扩大再生产时靠自己的资本原始积累，靠以"滚雪球"方式壮大。这种方式不是不可以，但是发展周期相对会更长，有时候还会错过很多的发展机遇。

此外，家庭农场、农民合作社尤其是农业产业化龙头企业，更需要产业链的投资，包括一二三产业融合、农业文旅产业发展等，既有种植养殖、初加工和精深加工、仓储物流，还有营销、品牌打造等，相应的投资需求规模比较大，完全靠自己的原始积累会很困难。

因此，应该科学地分析农村金融的需求层次，再去理解农村金融的难题或者主要矛盾，这样开展农村金融工作会更有针对性，效果也会更好。

4. 农村金融的主要矛盾

说到农村金融，大家听到的都是贷款难、贷款贵这样的一个话题，甚至有的政府管理者和企业负责人称其为老大难问题。那么，农村金融到底难不难？如果答案是融资难，究竟难在哪里？

（1）贷款主体

个体农户贷款难度并不大，或者说即使有些难度，但通过邻里之间的简单拆借也能解决，再不行到有一定费用、但是利息比较高的资金市场上也能拿到一些资金，就是周转时间比较短。

真正有困难的是新型农业经营主体，其主要是家庭农场、农民合作社以及中小农业企业，特别是中小农业企业。所以应该把群体锁定为中小农业企业。

（2）贷款焦点

一是标准。实践中存在新型农业经营主体判定标准和信用评定标准不统一的问题。首先，新型农业经营主体判定标准不统一。新型农业经营主体主要包括专业大户、家庭农场、农民合作社和农业产业化龙头企业四类，而各金融机构存在扩大判定范围或缩小判定范围的情况，对"四类"主体具体认定标准不统一。以内蒙古兴安盟为例，邮政储蓄银行兴安盟分行认定种植大户为种植面积不低于50亩，阿尔山农村商业银行认定种植大户为种植面积不低于200亩；乌兰浩特市农村信用合作联社认定养殖大户为存栏牛50头、羊300只以上，中国农业银行兴安分行认定养殖大户为存栏牛10头、羊50只以上。其次，新型农业经营主体信用评定标准不统一。各金融机构对新型农业经营主体信用评定标准"各自为政"，使用各自信贷信息系统为经营主体进行信用评定，信用主管部门未制定针对新型农业经营主体的统一信用评定标准。目前，兴安盟内仅有5家金融机构对新型农业经营主体进行信用等级评定，为11886个主体进行了信用评定，占收录主体总数的53.43%。

二是规模。由于个体农户和新型农业经营主体需要扩大再生产，通常不满足于信用贷款。近年来，全国新型农业经营主体数量呈快速增长趋势，经营规模明显扩大，金融需求也随之增加。小规模农户自有资金在经营规模不断扩大的情况下也面临着更加迫切的借贷需求。

以内蒙古兴安盟为例，截至2022年6月末，各金融机构为新型农业经营主体发放贷款16135笔，共205146.32万元；发放信用贷款13628笔，共104800.27万元，信用贷款余额占贷款余额的51.08%。因为受新型农业经营主体营业收入不多和现金流不足限制，融资需求超过收入水平，金融机构出于风险考虑，无论从贷款额度还是贷款方式和期限上，都难以满足新型农业经营主体融资需求。

三是期限。在贷款期限上，无论是个体农户还是新型农业经营主体，都希望是中长期的，时间有5~10年，这与农业产业本身的特质有关（包括生产、加工、投资回报等），这样才能最大限度降低投资风险和发展产业。但金融机构的涉农贷款期限一般不超过3年，最长不超过5年，无法满足涉农企业的需求。

四是时效。农业不像工业，生产周期与气候密切相关，错过了一段时间的种植就意味着错过了整年的生产时间。因此，农业贷款主体往往需要马上找到钱。而金融机构有自己的一套贷款和风控体系，在实践中经常是等到金融机构的贷款批下来了，农业贷款主体已经错过了种植的最佳时间，也就不需要贷款了。

五是费用。农业的利润比较薄，因此农业贷款主体希望贷款费用低一些。

（3）矛盾难点

农村金融最大的问题就是缺乏抵押担保。我们常说"家有钱财万贯，带毛的都不算"，生物资产在理论上可以抵押，政策上也要求可以抵押，但是实际操作过程中抵押的难度比较大。农民的房子作为自己的一个财产，也不能拿去抵押，虽然试点是可以的，但是试点落实下去的难度很大。农民如果违约了，房子卖不出去。因此，抵押担保就成了一个问题。此外，万一发生风险，风险处置也是个难题。农村的产权交易市场相对来说发展得不是很充分，而且很多产品是非标的，交易起来比较困难。

乡村振兴资金破局：多元化资金渠道

近年来，我国农村金融取得了长足进步，农村金融体系逐步健全、农村金融服务覆盖面得以提升、农村金融基础设施日益完善、农村金融扶持政策逐步完善、政策性农业保险不断发展等。然而，金融支持乡村振兴仍然存在诸多不足。贷款难、贷款贵、保险弱等问题仍是阻碍"三农"发展的突出问题。因此，国家鼓励各地在确保不新增地方政府隐性债务的前提下，创新资金使用方式，充分发挥财政资金的撬动作用，积极引导金融和社会资本投入，建立多元化投入机制。

1. 乡村振兴金融需求多元化

乡村振兴包括五大振兴，其金融需求呈现多元化的特点：产业振兴方面，构建现代农业产业体系、生产体系与经营体系，优化农村产业结构、农产品结构，转变农业发展方式、促进农业提质增效等均需金融支持。人才振兴方面，个体农户融入现代农业发展链条、农村群众就业创业、新型职业农民发展等，都对金融支持提出相关需求。文化振兴方面，农村文化教育、医疗卫生等基础设施或项目建设等方面都需要资金。生态振兴方面，加强农村生态环境建设、增加农村人居环境的公共服务供给、推进绿色农业发展等都需要金融跟进，金融需求主体主要是政府或国有投资发展公司等。组织振兴方面，农村集体经济组织发展、农村集体产权制度改革等都对配套金融支持提出需求。

2. 乡村振兴金融需求结构多元化

乡村振兴对金融的需求不仅体现在资金方面，也同时表现在金融产品、服务方式等方面。

从服务品种看，除传统的信贷支持和账户管理等金融服务外，还需要市场资讯、金融培训、财务规范、公司治理、投资银行等多种类服务，部分富裕的农村还存在投资理财咨询、贵金属和金融衍生品交易、上下游客户中介等金融服务需求。

从服务方式看，除传统的网点柜面服务外，农村企业和农民还需要网上银行、手机银行等灵活便利的银行服务终端，尤其是需要面向广大农民的简单、便捷的使用界面和功能。

从服务效率看，受农村地区种植养殖业季节性影响，资金需求的窗口期更短，需要银行提高信贷审批效率。同时，由于农村合格抵质押物相对不足，还需要商业银行创新风险控制手段，把控实质风险，提高农村信贷服务质量和效率。

3. 乡村振兴多元投入主要内容

健全乡村振兴的多元投入机制，主要包括三方面：第一是政府投入。强调坚持把农业农村作为一般公共预算优先保障领域，压实地方政府投入责任，稳步提高土地出让收益用于农业农村的比例，将符合条件的乡村振兴项目纳入地方政府债券支持范围。第二是金融投入。主要是用好再贷款再贴现、差别化存款准备金、差异化金融监管和考核评估等政策，推动金融机构增加乡村振兴相关领域的贷款投放，重点保障粮食安全信贷资金需求。第三是社会资本投入。这方面要健全政府投资与金融、社会投入联动机制。

4. 多元投入促进乡村振兴项目落地

调研发现，目前各地政府在筹划乡村振兴项目时，都十分注重以资金拼盘方式，利用多元化的投入促进项目落地。

下面以某国家储备林建设项目为例进行说明。

【案例 5-1】

×国家储备林项目

一、估算说明

项目建设投资由如下几部分构成（不含种苗基地及营造林道路建设）。

1. 营造林投资

项目营造林投资包括整地、苗木、造林、幼林抚育、农药、肥料和管护费等。其费用根据建设模式、树种、造林模型和培育周期等因素综合成本确定。

2.支撑体系投资

项目支撑体系投资主要是国家储备林保障体系建设费用，如科技支撑、资源监测与保护等。

经估算，本项目工程建设总投资×亿元。其中：营造林投资×亿元，占×%；支撑体系投资×亿元，占×%；其他费用×亿元，占×%。

工程建设营造林投资×亿元，其中：集约人工林栽培×亿元，占×%；现有林改培×亿元，占×%；中幼林抚育×亿元，占×%。

工程支撑体系建设投资×亿元，其中：资源监测与保障×亿元（主要用于森林防火、林业有害生物防治、资源监测、管护等），科技支撑×亿元。

3.其他费用

经估算，项目工程建设其他费用为×亿元，其中：工程管理费×亿元，基本预备费×亿元。

项目投资估算汇总表

单位：亿元

项目	合计	投资构成		
		营造林	支撑体系	其他
合计	—	—	—	—
一、营造林投资	—	—		
1.集约人工栽培	—	—		
2.现有林改造	—	—		
3.中幼林抚育	—	—		
二、支撑体系投资	—		—	
1.资源监测与保障	—		—	

续表

项目	合计	投资构成		
		营造林	支撑体系	其他
2.科技支撑	—		—	
三、其他费用	—			—
1.工程管理费	—			—
2.基本预备费	—			—

二、资金来源

国家储备林建设所需资金量大，传统以财政为主的投入方式远远不能满足项目资金需求，因此需要探索多元化的筹资渠道，以制度创新吸引社会各界各类投资主体参与建设。

×国家储备林项目资金来源主要包括以下五个方面：

1）财政资金。中央和地方预算内基本建设投资和财政补助资金。

2）银行贷款。开发性政策性金融贷款，商业性金融贷款。

3）外资项目贷款。世界银行、亚洲开发银行、欧洲投资银行和其他国际组织贷款。

4）社会资本。各类从事林业建设的经营主体投入。

5）科学合理开发碳交易平台、产业投资基金、绿色金融债券等金融工具，多种方式融资。

乡村振兴金融体系"主渠道"和"支渠道"

我国现行的乡村振兴金融体系初步形成了以国家开发银行、中国农业发展银行为代表的政策性金融"主渠道"和以中国农业银行及其他商业银行为代表的"支渠道",两种渠道发挥各自优势,且互为补充。

1. 政策性金融的"主渠道"

在乡村振兴金融体系中,政策性金融是"主渠道"。其中,中国农业发展银行坚持农业政策性银行职能定位,在粮食安全、脱贫攻坚等重点领域和关键薄弱环节发挥主力和骨干作用,其主要职责是按照国家的法律法规和方针政策,以国家信用为基础筹集资金,承担农业政策性金融业务,代理财政支农资金的拨付,为农业和农村经济发展服务。

作为国内规模最大的农业政策性银行之一,中国农业发展银行是国家出资设立、直属国务院领导、支持"乡村振兴"和农业农村持续健康发展的国有政策性银行。其主要支持的领域,一是粮食、棉花、油料、食糖、猪肉、化肥等重要农产品收购、储备、调控和调销贷款;二是农业农村基础设施和水利建设,包括农村公路、交通基础设施、水利基础设施等;三是土地整理,包括高标准农田、旱改水、荒漠治理、山水林田湖草综合治理等;四是农村居住环境改善,包括棚户区改造和农民集中住房建设、农村饮水、污水处理、厕所革命、综合环境整治等;五是乡村振兴产业类,包括农业综合开发、现代农业产业园区、生产资料和农业科技贷款,特色产业发展及专项扶贫贷款等;六是流通体系类,包括农产品交易、冷链、物流配送等;七是县域城镇建设、农业孵化、教育、培训平台等;八是农业小企业、产业化龙头企业贷款。

2. 商业性金融的"支渠道"

与政策性金融"主渠道"相比,中国农业银行、中国邮政储蓄银行、农村商业银行等则是商业性金融"支渠道"。

中国农业银行强化面向"三农"、服务城乡的战略定位,进一步改革完善"三农"金融事业部体制机制,确保县域贷款增速持续高于全行平均水平,积极实施互联网金融服务"三农"工程,着力提高农村金融服务覆盖面和信贷渗透率。

以中国农业银行支持全国乡村旅游重点村为例,自2019年开始,5年内中国农业银行向重点村提供人民币1000亿元意向性信用额度,用于支持重点村的文化和旅游资源开发、生态与传统文化保护、公共服务与旅游配套设施建设,以及乡村民宿、观光度假、农事体验、乡土美食、文化创意等文化和旅游产品的研发与推广。

中国农业银行积极推广"景区开发贷""景区收益权贷""美丽乡村贷""惠农e贷""农家乐贷""个人生产经营贷"等乡村旅游特色产品。鼓励和支持一级分行在符合法律法规和监管规定的前提下,对重点村出台区域性金融产品或金融服务方案。稳步推进集体经营性建设用地使用权、农村承包土地经营权和林权抵押贷款业务,稳慎探索农民住房财产权抵押贷款业务,增强乡村旅游融资能力。

在具体做法方面,中国农业银行在重点村遴选出一批市场前景好、发展潜力大的乡村旅游项目,建立重点项目库,对入库项目优先准入、优先支持,执行信用审查审批优先办结规定,培育出一批建设水平高、经营管理优、示范带动效果强的乡村旅游项目。在条件成熟地区,会同相关各方共同建设乡村旅游产业数据库,夯实发展基础,配套金融资源,着力推进"数字文旅""智慧旅游"等新型服务模式,强化现代金融对乡村文化和旅游产业提质升级的支撑作用。

中国农业银行鼓励和引导民间投资通过PPP、公建民营、政府增信、产业基金等方式参与乡村旅游基础设施建设和运营,探索促进乡村文化和旅游建设、文化和旅游企业发展的服务模式。积极配合有关各方引入社会资本，通过农银投资、农银国际等子公司，以专业化的投资与管理手段，深耕乡村文化和旅游产业，以投贷联动为切入点，共同开展股权投资、资产收购、并购重组、上市发债等业务，培育一批具有竞争力的乡村文化和旅游企业。

中国邮政储蓄银行发挥网点网络优势、资金优势和丰富的小额贷款专营经验，坚持零售商业银行的战略定位，以小额贷款、零售金融服务为抓手，突出做好乡村振兴领域中农户、新型经营主体、中小企业、建档立卡贫困户等小微普惠领域的金融服务，完善"三农"金融事业部运行机制，加大对县域地区的信贷投放，逐步提高县域存贷比并保持在合理范围内。

股份制商业银行和城市商业银行的要求是结合自身职能定位和业务优势，突出重点支持领域，围绕提升基础金融服务覆盖面、推动城乡资金融通等乡村振兴的重要环节，积极创新金融产品和服务方式，打造综合化特色化乡村振兴金融服务体系。而农村信用社、农村商业银行、农村合作银行等农村中小金融机构要坚持服务县域、支农支小的市场定位，保持县域农村金融机构法人地位和数量总体稳定。

政策性金融支持乡村振兴基础设施建设

在乡村振兴金融体系中，政策性金融是"主渠道"。

1. 政策性开发性金融

2022年6月29日，国务院常务会议首次提出"确定政策性、开发性金融工具支持重大项目建设的举措"，2个月内，通过国家开发银行成立的国开基础设施投资基金及中国农业发展银行成立的农发基础设施基金，政策性开发性金融工具已投放3000亿元。金融工具的具体用途有二：一是补充投资重大项目资本金，不超过全部资本金的50%；二是对于短期内专项债券作为资本金无法到位的，可以为专项债券搭桥。

政策性开发性金融重点投向以下三类项目：一是中央财经委员会第十一次会议明确的五大基础设施重点领域，分别为交通水利能源等网络型基础设施、信息科技物流等产业升级基础设施、地下管廊等城市基础设施、高标准农田等农业农村基础设施、国家安全基础设施；二是重大科技创新等领域；三是其他可由地方政府专项债券投资的项目。

政策性开发性金融项目要求如下：一是项目应前期工作充分，已履行可行性研究报告审批，或已办理核准、备案手续。暂不安排在建项目。二是项目应当是可以产生一定收益的、符合标准的准公益性项目或经营性项目，既要有较强的社会效益，也要有一定的经济可行性。三是优先考虑整装的大项目，避免"撒胡椒面"。

2. 国家开发银行县域产业服务重点领域和方向

国家开发银行多年来坚持以开发性金融为导向，按照保本微利的原则，积极为县域产业提供贷款支持，为客户提供高效和专业的金融服务。国家开发银行县域产业贷款种类丰富，既包括期限长、额度大的中长期项目贷款，也包括额度小、期限灵活的中小微企业贷款，能够满足县域产业基础设施建设、各类产业发展等多样化的资金需求，并给予适当的利率优惠。主要包括以下服务内容：

第一，支持高标准农田建设。支持中低产田改造和中大型灌区续建配套及改造工程。支持灾后农业、水利基础设施建设和农业基础设施防灾减灾建设。支持种业龙头企业扶优行动，支持农业生物育种重大项目和制种基地县项目建设。

2023年3月，国家开发银行正式设立农田建设专项贷款（以下简称"专项贷款"），积极服务农业基础设施精准补短板、强弱项，助力保障粮食安全，以基础设施现代化促进农业农村现代化。专项贷款将按照市场化原则为农田建设领域提供长期稳定金融服务，在期限方面，专项贷款可长达30年。在支持规模方面，专项贷款规划到2030年支持保障农田建设超4000万亩，重点为高标准农田建设、耕地质量提升、耕地后备资源适度开发利用等领域提供中长期投融资保障，着力保障和提升重要农产品有效供给，加快推进农业现代化。

专项贷款支持建设内容包括：一是助力新一轮高标准农田建设规划实施和已建成高标准农田改造提升，涵盖田块整治、土壤改良与生态环境工程、农田输配电等建设；二是支持对符合条件的中低产田采取平整土地、改良土壤、农业节水灌溉及配套基础建设和改造，提升耕地地力等级；三是支持通过土壤侵蚀治理、洗盐排盐工程等，将符合条件的盐碱地等耕地后备资源适度有序开发为耕地；四是支持通过开展农田生态保护修复、集成推广绿色高质高效技术，提升农田生态保护能力和耕地自然景观水平；五是支持数字农田示范建设，推进物联网、智能控制等信息技术在农田建设中的应用。

第二，支持重要农产品保供。通过春耕备耕流动资金专项贷款，支持农资生产、储备、流通等，服务农业生产及保障城乡居民农副产品稳定供给。支持大豆、油菜、花生等扩种。支持民族奶业振兴，开展优质奶源基地建设。支持南菜北运基地建设，支持发展设施农业。

第三，支持县域产业向园区集中，支持具备条件的中心镇发展专业化中小微企业聚集区。支持农业园区建设，大力支持现代农业产业园、农业科技园区、农业产业强镇建设，推动省级打造优势特色产业集群。立足乡村特色资源，支持具备实力的实施主体发展特色产业、培育特色品牌，支持"农业+"新业态，推进农村一二三产业融合发展。支持农业农村绿色产业发展。支持国家储备林建设。

第四，支持大中城市疏解产业向县域延伸，引导产业有序梯度转移。支持县域范围内比较优势明显、带动农业农村能力强、就业容量大的产业，助力"一县一业"发展。积极支持新型农业经营主体。

3. 中国农业发展银行县域产业综合金融服务产品

中国农业发展银行县域产业综合金融服务产品主要包括粮食仓储（物流）设施贷款、涉农产业贷款、农业农村基础设施贷款。

在农业农村基础设施建设方面，主要有以下类别：

第一，用于解决借款人在粮食仓储设施（物流体系）及配套工程等方面的新建、扩建、改造、开发、购置固定资产投资需求，主要包括粮食产业园区、粮食物流园区的购建；粮棉油类产品占其农产品年货运吞吐量50%以上的港口、码头、车站及其专用设施的购建；粮食仓储设施、低温成品粮食储备库的购建；粮食批发市场、粮食配送中心、粮食交易中心、粮食销售渠道的购建；粮食物流信息平台的购建；粮食产后服务体系的购建；粮食运输工具及专业设施的购建。

第二，支持县域（包括县级市、城市郊区郊县）内服务新型城镇化建设和城乡融合发展目标的产城融合配套基础设施、公共服务、产业支撑设施和便民商业设施建设。支持特色小镇建设所需的基础设施、公共服务、配套产业支撑设施、配套便民商业设施建设等。

第三，支持农村公共基础设施建设，包括农村水、电、路、气、热、信息等公共设施建设。支持农村人居环境整治提升，包括农村厕所改建、农村生活污水垃圾治理等。支持农村清洁能源建设，包括农村地区水力、风力、光伏、生物质能、抽水蓄能等清洁能源建设等。

第四，支持农田水利建设，包括灌区续建配套与现代化改造、灌溉排水泵站更新改造、灌区末级渠系建设和田间工程配套、牧区水利等。

第五，围绕农村土地这一核心要素支持农业生产、拓展农业多种功能。一是耕地保护与质量提升，支持高标准农田建设、中低产田改造、黑土地保护、土地复垦等农业提质增效项目的建设。二是提升农业综合生产能力，支持农业适度规模经营、农业社会化服务、农业生产资料供给、农业产业绿色发展等资金需求。

第六，支持现代农业科技创新发展。支持现代种业、高端农机装备、智慧农业等农业农村科技创新、成果转化、示范推广和集成应用的资金需求。

第七，支持推动农业农村一二三产业融合发展。推动农业生产向园区化、规模化发展，支持农业生产基地、农业产业园、示范园等园区建设的资金需求。支持重要农产品供给、现代农业物流体系、农业农村新型流通业态等农村流通体系及配套工程建设的资金需求。

第八，支持涉农普惠小微企业。围绕农业产业链、供应链，支持涉农普惠小微企业生产经营活动的资金需求。

金融助力农村产权交易平台建设

随着农村劳动力持续转移和农村改革不断深化,农村一家一户的小农经济已不能适应现代化农业发展的要求,需要把不愿和不会种地的人从农村解放出来从事二三产业,让愿种地、懂种地的人获得需要的土地。

农村产权交易平台就是为培育和发展农村产权交易市场、规范农村产权交易行为、保障交易主体合法权益、发挥市场配置农村资源的作用、推动农村生产要素有序流转而搭建的。

1. 农村产权交易平台主要特点

农村产权交易平台是为各类农村产权依法流转交易提供服务的平台,主要特点如下:一是包括市、县、乡、村等多级服务站点,二是线上线下多元服务网络,三是"八个统一",即统一监督管理、统一交易规则、统一信息发布、统一交易软件、统一合同制式、统一收费标准、统一交易鉴证、统一档案管理。

2. 农村交权交易难

目前,涉农金融服务存在农村产权交易难问题,主要体现在农村产权交易平台市场化程度和专业化水平不高,现有各类农村产权交易中心的地域覆盖范围和交易品种都比较有限,信息发布渠道不宽,市场活跃度不高,导致主体融资能力不强,金融机构的涉农贷款规模小、额度低,支持产业发展的积极性不高。此外,平台交易过程中的市场化定价、风险防范、纠纷调解等机制还有待完善。

3. 金融支持农村产权交易存在难点

在农村产权交易中,金融机构为避免风险,贷款手续相对烦琐,标准比较高，专业大户、家庭农场、农民合作社等融资主体获取金融支持的难度及成本较高。

农业贷款难点之一是抵押担保。所谓家财万贯，带毛的都不算。从理论上来讲，农村生物资产可以抵押，而且各种政策也要求可以抵押。但在实践操作过程中，农村生物资产抵押的难度比较大，金融机构出于风控，往往不予同意抵押贷款。不仅如此，作为农民的财产之一的房子也都不可以抵押。虽然在政策上，农民财产抵押是可以的，但在试点上，实际落实下去的难度很大。因为有个关键问题，就是一旦农民违约了怎么办？金融机构能把他的房子收了吗？退一步讲，即使金融机构可以收，收完能卖出去吗？从土地所有权的角度讲，农村宅基地的所有权属于村集体，金融机构收的农房只能在本村卖，即使这样也卖不出去。所以说，抵押担保是横亘在农业贷款主体面前的一个非常大的难题。

农业贷款另一大难点是风险处置。由于我国农村产权交易市场不活跃，发展不充分，相当多产品是非标产品，交易起来比较困难，导致风险处置成为难题。

4. 金融支持农村产权交易创新做法

目前，多家金融机构创新产品，积极支持农村产权交易平台。

例如，某银行联合担保公司、保险公司等，围绕农村产权交易主体在农村产权流转交易各环节中的支付、结算、融资、保险、担保等需求，加大资源投入，优化服务流程，进一步提升金融服务的可得性、覆盖面和便利度。针对流转交易主体合理的融资需求，科学确定授信额度、利率，有效提升贷款期限与农业生产周期的匹配性。在各地农村产权交易中心信息服务平台增设金融超市板块，方便交易主体了解金融产品，并向金融机构申请服务。创新支付方式，支持农村产权交易主体通过转账、刷卡、扫码等方式缴费。某银行增强农村各类产权融资权能，探索将养殖水面经营权、集体经营性建设用地使用权、农业知识产权、林权、农村集体资产股权、大中型农机具、农业设施、农业活体、农村宅基地等资产资源要素纳入抵质押物范围。

5. 金融支持农村产权交易平台建设

金融机构既支持农村产权交易，又支持农村产权交易平台建设。下面以国内某银行支持某农村产权交易平台为例进行说明。

【案例 5-2】

×银行支持×农村产权交易平台

一、基本情况

×农村产权交易中心注册资金×万元，主要职能是为涉农各类产权的流转交易提供信息发布、查询、挂牌交易、竞价交易、项目推介、统计分析等服务。产权交易中心由政府主导，供销社主办，统一建设，一体化运营。

二、业务情况

×农村产权交易中心的业务主要包括产权交易和金融服务两部分。交易的品种有农户承包土地经营权、林权、"四荒地"使用权、农村集体经营性资产等共13个。交易中心开展的业务具有公益性，目前对入市交易的农户、农村集体经济组织（指由县级以上政府主管部门颁证认定的基层经济性组织）均免收费用。在开展产权流转交易服务的同时，探索开展农村产权金融化服务，提供产权评估、抵押、担保、保险、农业项目融资等服务。

三、后续派生业务分析

×银行与×农村产权交易中心开展项目合作后，将进一步加强该银行与该单位的业务合作。主要体现在：

1. 存款方面

×农村产权交易中心的存款留存主要为场内交易过程中缴纳保证金、缴纳交易价款等沉淀的资金。在该平台交易需交纳交易标的10%的保证金，从信息发布、有资格的竞价者进行竞价申请、挂牌交易、竞价交易到缴费、转让等，整个交易流程期限为10~20天，其保证金平均留存时间在15天左右。此外，竞标成功的客户需在签署合同前缴纳全部交易价款，并在签署合同后才会由平台转至出让方，该部分资金的平均留存期限为4天。

2. 授信方面

×农村产权交易中心平台项目成功投用后，×银行将继续与其进行新金融形式的开发，利用农户可流转的承包土地经营权、林权、"四荒地"使用权、农村集体经营性资产、水权、农业生产设施设备、小型水利设施使用权、农业类知识产权、农村生物资产等作为担保物、抵押物，为有需要的农户提供授信，扶持农业及农村经济发展，扶持农户的生产经营。

3. 零售方面

产权交易中心所交易的项目将覆盖全省各地区的市县村各级人员，×银行积极营销交易过程中的个人存款、农户贷款等业务。

四、收益测算

资产、负债业务均按照FTP资金转移计价测算。

第6章

支持乡村振兴基础设施建设需要创新多种金融工具

金融支持乡村振兴基础设施建设

随着乡村振兴战略的不断推进，金融支持农业农村基础设施建设和公共服务也不断深入。

2022年9月，农业农村部、水利部、国家发展改革委等8部委印发《关于扩大当前农业农村基础设施建设投资的工作方案》，指出要健全投融资机制。

一是在建设主体上，鼓励符合条件的相关市场主体参与承建。符合条件的相关市场主体可依法依规按程序要求参与承建农业农村、水利基础设施重大工程项目，承接财政补助和投资基金，申请信贷资金，统借统还，推动将零散项目打捆打包并整体实施，实现项目建设提标扩面、集中连片、整体开发。

二是在资金筹集上，推行政府投资与金融信贷投贷联动。对市场主体实施的重大工程项目，鼓励地方采取多种符合规定要求的方式，集中支持建设一批现代化农业农村基础设施。对有条件的项目推行政府投资与金融信贷投贷联动，让金融信贷资金能够更好落地。同时，加强监管，避免引发地方金融风险和债务风险。

三是在运营方式上，鼓励社会资本合作建设运营农业农村基础设施投资项目。对设施农业、冷链物流等市场化程度较高的农业农村基础设施项目，鼓励各地积极探索有效安全方式，加强与社会资本投资合作，发挥社会资本市场经营的优势，减轻社会资本重资产投资压力，促进投资与发展良性互动。

四是在还款来源上，建立稳定多元的贷款偿还渠道。以项目建成后形成的生产经营收入为主，通过项目打捆打包建设经营，统筹构建多元化还款渠道，实现项目收益自平衡并可持续，做到项目主体长期稳健经营。

以银行支持农村光伏发电为例。农村光伏发电项目涉及学校、卫生室、村委会等公共建筑、园区企业厂房和村民住宅屋顶资源等。不管哪种形式，除了取得基本合规手续外（比如发改部门的备案、接入电网的许可或协议、用地手续等），这类项目还需要银行的支持，而核心则是还款来源。

从控制措施上，一是电费账户的监管，确保国家电网的电费回款能够由银行控制，资金优先用于还款；二是企业的整体信用，一旦项目自偿性不足，企业能够用综合性收入还款。

山东省在农村光伏推进上有一些创新，以走在前列的德州市为例，德州市政府督导开发企业与镇政府、镇政府与村委会分别签订委托租赁协议，村委会与村民签订租赁协议，实现分布式光伏统一租赁、统一建设，让村民更放心。

下面再以云南省德宏州盈江县乡村振兴示范园一期建设项目为例进行说明。

【案例 6-1】

云南省德宏州盈江县乡村振兴示范园一期建设项目

一、项目基本情况

项目主管部门：盈江县农业农村局。

项目建设内容：包括基础设施提升、第一产业、第二产业和第三产业等，共计×个子项目。

基础设施提升：凤凰大道提升工程、大盈江南岸堤道路提升及区域配套基础设施工程。

第一产业：现代农业观光园（含启动区）。

第二产业：农产品加工园项目。

第三产业：大盈江国家湿地公园（旅游利用及水利工程提升）、观光小火车线路、沙滩观鸟公园、生态停车、游客接待中心及允冒村落改造项目。

二、项目资金筹措

项目总投资为×万元，其中财政资金安排×万元，占比×%，发行专项债×万元，占比×%。

三、项目收入来源

农产品加工园区：生产车间及辅助用房、办公及生活用房租金收入。

现代农业观光园：门票收入，水稻、烟草轮种收入。

大盈江国家湿地公园：门票收入、游客接待中心休闲茶室出租收入、水上活动项目收入、婚纱摄影基地等租赁收入、观光车收入、生态停车场收入。

区域配套基础设施：自来水收费、污水处理收入。

四、收入测算依据

租金收入参照盈江县粮油集贸市场和盈江县振盈商场厂房租金标准测算。

门票收费依据为《盈江县人民政府关于大盈江国家级风景名胜区门票收费的批复》。

水费定价依据为《德宏州发展和改革委员会关于调整盈江县城市供排水价格的批复》（德发改价格〔2011〕933号）和《盈江县发展和改革局关于转发盈江县城市供排水价格改革的通知》（盈发改价格发〔2012〕276号）。

生态停车场收费依据为《盈江县人民政府关于印发盈江县城区道路停车泊位收费实施方案的通知》（盈政规〔2020〕1号）。

五、项目收益

项目建成后，债券存续期内能够实现可偿债收益为×万元，本息保障倍数为×。

创新多种金融工具支持乡村振兴基础设施建设

乡村振兴要按照产业兴旺、生态宜居、乡风文明、治理有效、生活富裕的总要求，建立健全城乡融合发展体制机制和政策体系，加快推进农业农村现代化。其中，农业农村基础设施是乡村振兴总体任务的强大支撑，是实现农业强、农村美、农民富的重大抓手。

1. 政策性、开发性金融支持农业农村基础设施建设重点领域

根据《农业农村部办公厅、国家乡村振兴局综合司、国家开发银行办公室、中国农业发展银行办公室关于推进政策性开发性金融支持农业农村基础设施建设的通知》（农办计财〔2022〕20号），政策性、开发性金融支持农业农村基础设施建设重点领域包括以下几方面：

（1）耕地保护和质量提升

支持新一轮高标准农田建设规划实施和已建成高标准农田改造提升，统筹发展高效节水灌溉。支持以土壤侵蚀治理、农田基础设施建设、肥沃耕层构建、盐碱渍涝治理为重点，加强黑土地综合治理。支持对符合条件的退化耕地进行改造。支持大豆油料生产基地建设。支持将符合条件的盐碱地等后备资源适度有序开发为耕地。支持丘陵山区农田建设。支持整区域推进高标准农田建设。

（2）农业科技创新

支持实施种业振兴行动，建立健全农业种质资源保护体系，建设种质资源精准鉴定中心。支持建设南繁硅谷等国家级和区域性种业创新基地，加快建设种业领域国家重大创新平台。支持实施农业关键核心技术攻关，布局建设一批农业科研试验基地、区域技术公共研发中心。支持农机装备研发应用，大力发展智慧农业。

（3）农业产业融合发展

支持国家现代农业产业园、优势特色产业集群、农业产业强镇等农业产业融合发展项目建设。支持农业现代化示范区建设。支持特色农产品优势区、优质农产品基地和国家级现代农业全产业链标准化示范基地建设。支持农村创业园区和孵化实训基地等平台载体建设。支持拓展农业多种功能，发展休闲农业，培育生态环保产业。支持以发展农村电商为重点拓宽商贸流通渠道。支持大型涉农企业开展供应链产业链全球协同布局，支持农业国际贸易高质量发展基地和农业对外开放合作试验区建设。支持家庭农场、农民合作社及联合社改善生产经营基础设施条件，应用先进技术，增强产业支撑功能。

（4）现代设施农业

支持发展设施种植业，因地制宜发展温室大棚、戈壁农业、寒旱农业等。支持发展设施畜牧业，发展工厂化标准化集约养殖，推动生猪、肉牛、肉羊、奶牛、蛋鸡、肉鸡等规模化养殖场改造升级，支持优质饲草基地建设及畜禽屠宰加工企业升级改造，支持国家级生猪产能调控基地建设。支持发展立体生态水产养殖，推动陆基工厂化水产养殖和深远海大型智能化养殖渔场建设，加强渔港建设。支持农产品仓储保鲜冷链物流设施建设，重点发展农产品产地冷藏保鲜设施，建设产地冷链集配中心和骨干冷链物流基地。

（5）农业农村绿色发展

支持国家农业绿色发展先行区创建。支持发展旱作雨养农业、生态农业、绿色种养循环农业，探索碳汇产品价值实现机制。支持绿色农业生产基地、水产养殖和生态养殖示范区建设。支持以县为单位统筹推进畜禽粪污资源化利用，建设粪肥还田利用示范基地，开发生物质能、农村光伏等农村新能源。支持节种节水、节肥节药、残膜回收、废弃物无害化处理等农业绿色装备研发应用。

（6）农业防灾减灾

支持完善抗旱排涝工程体系建设，推进大中型灌区续建配套与现代化改造。支持农作物病虫害监测预警、绿色防控、统防统治、防灾物资等装备建设，加快现代植保物质装备建设。支持建设提升动物疫病监测预警能力，升级改造基层动物疫病实验室和动物防疫指定通道，强化畜禽健康养殖生物安全体系建设，开展重大动物疫病无疫区建设。

（7）乡村建设

支持各地结合"百县千乡万村"乡村振兴示范创建，统筹开展乡村建设示范县、示范乡镇、示范村创建。支持水电路气讯等重点领域基础设施建设，推进"农村四好路"和乡村产业路、旅游路、资源路建设，强化通村公路与村内道路连接，完善农村交通运输体系，加快城乡冷链物流设施建设。支持农村信息基础设施建设。支持集中连片推进农村人居环境整治提升，建设农村污水和垃圾收集处理设施。支持县乡村公共服务设施提升，加大农村教育、医疗、养老等民生设施建设。支持新型农业经营主体参与相关基础设施建设运营维护。

此外，还包括其他适合政策性、开发性金融支持的农业农村基础设施和公共服务设施建设项目。

2. 创新多种金融工具

（1）强化资金保障

坚持把农业农村作为一般公共预算优先保障领域，提高土地出让收入用于农业农村比例，创新政府投资支持方式，倾斜支持农业农村基础设施建设。大力推进政府投资与金融信贷联动，形成投资合力。政策性、开发性金融机构要在符合国家法规和信贷政策前提下，优先安排信贷规模，为农业农村基础设施项目提供更多长周期、低成本贷款；要建立项目绿色通道，优先开展尽职调查、授信审批；要健全更加符合农业农村基础设施特点的信贷统计和管理制度，提升审批和资金投放效率。

（2）创新金融服务

鼓励采用PPP、基础设施领域不动产投资信托基金（REITs）等模式，规范发展、阳光运作，引导金融社会资本和民间投资，支持农业农村基础设施建设。用好政策性、开发性金融工具，及时补充符合条件的农业农村新型基础设施等重大项目资本金，或为专项债项目资本金搭桥，引导金融机构加大配套融资支持，吸引民间资本参与，抓紧形成更多实物工作量。发挥政策性、开发性金融机构综合金融服务优势，为符合条件的项目提供股权投资、发行承销、融资租赁等多元化金融服务。支持政策性、开发性、商业性金融机构组建银团，共同支持农业农村基础设施建设。鼓励各类金融机构在风险可控、商业可持续前提下，创设专属金融产品，探索支持农业农村基础设施建设有效模式。

下面以国家开发银行河南省分行乡村振兴基础设施贷款产品为例进行说明。

【案例6-2】

国家开发银行河南省分行乡村振兴基础设施贷款产品

一、产品简介

产品服务人口中未脱贫和已脱贫享受政策贫困人口比例达到10%

以上，且位于贫困地区的水利、电力、能源等重大基础设施项目和生态环境整改、人居环境整治，以及县以下道路、农网、农田水利、饮水安全、医疗卫生、学校、农村住房、物流仓储、农田、基层组织建设等农村基础设施项目。

二、产品特色

有助于提升贫困地整体基础设施建设水平，提升贫困群众公共服务供给质量。

三、适用对象

有基础设施项目建设需求的贫困县或在贫困地区建设基础设施项目的重点企业。

四、业务流程

客户申请→项目入库审核→风险部门评级确定借款人信用等级→评审部门评审确定授信额度→分行贷委会审议通过后签订借款合同→客户部门发放贷款。

五、典型案例

×县贫困村整村推进基础设施建设项目，建设内容为改建通村道路×公里，自然村和村内道路×公里，通户道路×公里，桥×米，污水管网×户，垃圾收集清运车×台，垃圾箱×个，拦河坝×米，堰塘整治×座，护河堤×米，渠道×米，打井×眼，新建文化广场×平方米，便民服务中心×平方米，安装路灯×盏，绿化×平方米，房屋立面改造×户，新建图书室×平方米，卫生室×平方米。该项目是以PPP模式建设的农村基础设施项目，银行承诺×亿元贷款，已经发放×亿元，大大改善了该县贫困村基本面貌。

×县职业教育中心建设项目（扶贫开发）项目建设教学楼×栋、×

平方米，图书馆×栋、×平方米，行政办公楼×栋、×平方米，学生宿舍楼×栋、×平方米，教职工周转宿舍楼×栋、×平方米，食堂×栋、×平方米，实验实训用房×栋、×平方米，生活服务中心×栋、×平方米，体育场、风雨操场×平方米。另新建×米×条环型跑道，排球及篮球场×个。道路及硬化面积×平方米，景观及绿化面积×平方米。该项目银行承诺贷款×亿元，实现发放×亿元，大大提升了该县职业教育的基础条件。

中央预算内资金重点支持乡村振兴

中央预算内投资是指政府利用财政预算内基本建设资金和纳入财政预算管理的基本建设资金进行的投资。每年底各地通过各级发改系统逐级上报投资项目，经国家发展改革委批准后，列入下一年度投资计划的项目，根据其进展情况和投资概算，在国家每年投资预算总盘子内分配安排。

1. 中央预算内投资计划逐年提高

2020—2022年，中央预算内投资计划安排分别为6000亿元、6100亿元、6400亿元。2023年，中央预算内投资计划为6800亿元。

在资金安排方式方面，根据《政府投资条例》，中央预算内投资资金的安排方式包括直接投资、资本金注入、投资补助、贷款贴息等四种方式。其中，采取直接投资、资本金注入方式投资的项目，为政府投资项目，实行审批制；对企业投资项目仅采取投资补助、贷款贴息方式支持，实行核准制或者备案制。

作为用于固定资产投资的中央财政性建设资金，中央预算内投资重点用于集中力量办大事的重大工程项目，以及市场不能有效配置资源、需要政府支持的经济和社会领域。中央预算内投资对于激发社会投资活力、引导社会资本投资建设和优化国家投资结构等方面具有"四两拨千斤"的作用和效果。

2. 中央预算内投资项目申报

项目单位根据申报通知要求，对符合申报条件的项目同时在线上（国家重大建设项目库）和线下（项目单行材料）两条线进行申报，由发改部门会同行业主管部门对照专项管理办法和申报通知要求逐级审核、逐级上报。

线上：拟申报中央预算内投资项目基本信息由项目申报单位经互联网端口录入国家重大建设项目库，并推送至属地发改部门，由属地发改部门会同行业主管部门进行筛选审核，并将最终通过审核的项目纳入国家三年滚动计划库，逐级推送。

线下：项目业主单位准备项目申报材料，包括资金申请报告、项目审批（核准、备案）文件、真实性说明、资金承诺函等单行材料，同步报送至属地发改部门。

3. 中央预算内投资项目资金申请报告主要内容

1）项目单位的基本情况。

2）项目的基本情况，包括在线平台生成的项目代码、建设内容、总投资及资金来源、建设条件落实情况等。

3）项目列入三年滚动投资计划，并通过在线平台完成审批（核准、备案）情况。

4）申请投资补助或者贴息资金的主要理由和政策依据。

5）工作方案或管理办法要求提供的其他内容。

项目单位应对所提交的资金申请报告内容的真实性负责。

4. 中央预算内投资项目资金额度分配及补助标准

国家发展改革委结合相关政策措施和实际项目申报情况，确定安排各地区年度中央预算内投资计划额度。中央预算内投资计划下达后，地方发改及有关部门根据国家下达的投资计划转发或分解下达项目年度投资计划。

中央预算内投资计划下达后，由财政部逐级下发资金额度，根据项目申报的主体层级不同，由相应层级的财政部门以实拨资金或国库集中支付方式拨付至项目实施主体或施工单位。

中央预算内直接投资项目，主要以国库集中支付方式，由相应层级国库根据拨付指令将资金直接拨付至施工单位；中央预算内投资补助和贷款贴息项目，主要以实拨资金方式，由相应层级国库拨付至项目实施主体；中央预算内投资资本金注入项目，资金拨付主要为实拨资金，由相应层级的国库拨付至项目实施主体账户。

5. 中央预算内投资项目审核要点

中央预算内投资项目审核要点主要包括以下几点：

1）项目是否纳入国家重大建设项目库。

2）项目是否符合专项支持范围。

3）项目是否重复申报。对于已经足额安排的项目不得重复申请本专项中央预算内投资；同一项目不得重复申请同级别不同类型的中央预算内投资或其他中央财政资金。

4）项目单位是否被列入严重失信主体名单。

5）申报投资是否符合支持标准。

6）项目是否完成审批、核准或备案程序。

7）原则上支持计划新开工、续建项目，不得用于已完工项目。审核计划新开工项目前期工作条件是否成熟、具备开工条件，在建项目各项建设手续是否完备。

8）地方建设资金是否落实。

9）项目（法人）单位及项目责任人是否符合要求。

10）日常监管直接责任单位及监管责任人填报是否规范等。

6. 中央预算内投资支持的重要领域

中央预算内投资支持的重要领域主要有以下内容：

（1）国家重大战略

国家重大战略主要包括：京津冀协同发展、中西部和东北重点地区承接产业转移平台建设、中西部地区铁路项目、西部大开发重点项目、黄河流域生态保护和高质量发展、长江经济带绿色发展、推进海南全面深化改革开放、粤港澳大湾区建设、长江三角洲区域一体化发展。

（2）社会事业

社会事业主要包括：教育强国推进工程、优质高效医疗卫生服务体系建设工程、文化保护传承利用工程、社会服务设施兜底线工程、全民健身设施补短板工程、积极应对人口老龄化工程和托育建设。

（3）生态文明建设

生态文明建设主要包括：污染治理和节能减碳、森林草原资源培育工程、重点区域生态保护和修复工程、生态保护支撑体系项目。

（4）重大基础设施

重大基础设施主要包括：铁路项目、城乡冷链和国家物流枢纽建设、长江等内河高等级航道建设。

（5）"三农"和水利

"三农"和水利主要包括：粮食等重要农产品仓储设施、农村产业融合发展示范园建设、重大水利工程、水生态治理和中小河流治理等其他水利工程、农村饮水安全巩固提升工程、农业生产发展、农业可持续发展、现代农业支撑体系、农村人居环境整治。

（6）其他重要投资领域

其他重要投资领域主要包括：城镇老旧小区改造、保障性租赁住房、气象基础设施、资源型地区转型发展、引导社会资本参与盘活国有存量资产、排水设施建设、灾后恢复重建和综合防灾减灾能力建设、煤矿安全改造、水电前期工作。

7. 中央预算内投资支持乡村振兴领域

在乡村振兴领域，中央预算内投资主要支持粮食等重要农产品仓储设施、农村产业融合发展示范园建设、重大水利工程、农业可持续发展、现代农业支撑体系、农村人居环境整治等。

以甘肃省定西市为例，截至2022年11月，定西市发展改革委争取各类涉农项目中央预算内投资共计5.67亿元，与上年相比增加了21%，极大地推动了农村经济社会发展，为定西市乡村振兴事业作出了贡献。该项目资金主要用于定西市水安全保障、生态保护修复、高标准农田建设、现代种业提升及动植物保护能力提升等领域。其中，坡耕地水土流失综合治理工程和新建淤地坝项目12个，争取中央预算内投资1.96亿元；洮河治理工程项目3个、1772万元；高标准农田项目7.3万亩、7808万元；现代种业提升和动植物保护能力提升工程4个、2378万元；陇中地区生态保护修复和水土流失综合治理、秦岭西段水源涵养与生物多样性恢复项目2个、2.05亿元；黄河流域农业面源污染治理工程和临洮县畜禽粪污资源化利用整县推进工程2个、4606万元。

乡村振兴专项债券五大类型

目前，乡村振兴类专项债券主要募投领域有道路、桥梁、水系、村庄整治、厕所建设等基础设施项目，农产品种植（养殖）、销售项目，供排水、医疗、教育等公共服务配套项目以及乡村旅游项目。

1. 乡村振兴基础设施类专项债

（1）项目实施单位

乡村振兴项目实施单位一般为农业农村主管部门、乡镇人民政府或从事农村农业开发的国企平台公司。

（2）项目建设内容

项目建设内容主要有农村道路桥梁的新建和改扩建，泵站、水闸、渠道的修建完善，水系梳理，河道淤泥、塘坝整治，破旧危房拆除，异地扶贫搬迁，村庄园林绿化，公厕建设、户厕改造等。

（3）项目收入来源

一般来说，乡村振兴基础设施类项目自身经营属性较弱，需要匹配项目实施过程中的间接收入。专项债项目还款来源包括耕地指标交易收入、土地出让收入、广告收入以及涉及水系类基础设施可产生的如水面经营权转让收入、养殖收入、灌溉收入等。

下面以河北省固安县柳泉镇乡村振兴专项债项目及安徽省阜阳市颖泉区乡村振兴工程一期为例进行说明。

【案例6-3】

河北省固安县柳泉镇乡村振兴专项债项目

项目地点位于固安县柳泉镇南房上村和半边店村，总投资估算为5640万元，资金来源为专项债券和财政资金，其中工程费用4786.32万元，占总投资的84.86%；工程建设其他费用444.15万元，占总投资的7.88%；预备费用94.53万元，占总投资的1.68%；建设期利息315万元，占总投资的5.58%。

项目建设内容：南房上村提升改造规划，包含非遗加工电商销售中心、污水处理设备及垃圾站提升、街道基础提升、于成龙"廉能"文化教育基地等。

项目收益与融资平衡：当期债券所涉及申报项目在债券存续期内共可实现净收益11054.99万元。融资本息7290万元，覆盖倍数为1.52，能够合理保证偿还本期债券本金和利息，可以实现项目收益与融资自求平衡。

【案例 6-4】

安徽省阜阳市颍泉区乡村振兴工程一期、

项目实施单位为安徽省阜阳市颍泉区农村农业局，建设内容为 3668 亩的村庄拆除及土地复垦、857 亩的废弃工矿拆除及土地复垦、10 个出列村的环境综合整治、215 公里的农村道路扩面延伸。项目总投资 12.2 亿元，其中财政资金投入 10.6 亿元，发行专项债券 1.6 亿元，债券期限 5 年。

项目收入来源为复垦耕地产生的土地指标收益、整治土地形成林地产生的苗圃收入。项目资金平衡情况：债券存续期内共产生土地指标收益 1.6 亿元，苗圃收入 2 亿元，合计 3.6 亿元，扣除苗圃运营成本后剩余收益为 2.9 亿元，预期对债券本息覆盖倍数为 1.61。发行情况：项目专项债于 2020 年 5 月 29 日由安徽省财政厅招标发行，发行利率为 2.88%。

2. 乡村振兴农旅融合专项债

（1）项目实施单位

乡村振兴农旅项目实施单位一般为文化旅游主管部门或文旅类国企平台公司。

（2）项目建设内容

项目建设内容包括旅游带、停车场、景点基础设施、花卉园林、沿街商铺、酒店餐饮等。

（3）项目收入来源

根据项目建设内容的不同，乡村振兴农旅融合专项债项目可产生多样性的收益来源，常规性收益来源包括门票收入、商铺租赁收入、餐饮住宿收入、活动场地租赁收入、农作采摘体验收入、停车费收入、广告费收入等。

下面以安徽省宿州市萧县乡村振兴百里长廊专项债项目、四川省泸州市合江县乡村振兴（龙挂山旅游）项目为例进行说明。

【案例 6-5】

安徽省宿州市萧县乡村振兴百里长廊专项债项目

项目资金来源为专项债券，总投资 13.05 亿元，建设内容包含铁路、物流、产业园区、城市停车场、社会事业、乡村振兴、水利等多个领域。项目廊道串联起沿线 10 余个村庄，形成长约 50 公里（百里）萧县乡村振兴生态文化长廊。

项目收益与融资平衡：测算出的项目收益未来能够覆盖债券本息，有些项目覆盖倍数达到 2 倍甚至 3.4 倍以上，可以实现项目收益与融资自平衡。

【案例 6-6】

四川省泸州市合江县乡村振兴（龙挂山旅游）项目

项目建设内容主要包含旅游景观设施建设、配套基础设施建设和旅游接待设施建设。项目总投资 4.1 亿元，其中实施单位自筹 1.7 亿元，发行专项债券 2.4 亿元，债券期限为 7 年。项目收入来源为景区票务收入（门票、索道票、观光车票、农耕体验园票）、商铺出租收入、住宿收入、餐饮收入、停车费收入和主体活动收入。

项目收益与融资平衡：债券存续期内，项目预期可实现收入合计5.3亿元，产生相关运营成本0.8亿元，剩余收益4.5亿元，对债券还本付息覆盖倍数为1.43倍。

3. 高标准农田专项债

（1）项目实施单位

此类项目实施单位一般为各级地方政府财政部门。

（2）项目建设内容

在划定的永久基本农田保护区范围内，建成集中连片、设施配套、高产稳产、生态良好、抗灾能力强、与现代农业生产和经营方式相适应的高标准基本农田。

（3）项目收入来源

主要有新增耕地指标收入、新增耕地产能指标收入、新增耕地用于增减挂钩节余指标流转收入、耕地占补平衡指标交易收入、土地流转收入等与土地有关的收入、高标准农田补贴（农田水利基金补贴收入），农作物种、养殖收入，农业旅游收入等。

下面以江西省乐平市乡村振兴（高标准农田）项目、江西省乡村振兴高标准农田建设项目、安徽省枞阳县高标准农田建设项目为例进行说明。

【案例6-7】

江西省乐平市乡村振兴（高标准农田）项目

项目业主为乐平市农业农村局，项目建设内容为高标准农田建设，面积9.76万亩，主要为土地平整工程、水源工程、灌溉与排水工程、田间道路工程、农田防护工程等。项目总投资29060万元，专项债资金需求15704万元，期限5年，其余13356万元通过自筹资金解决。项目偿债来源为新增耕地出让收益、产能提升收益。项目运营期间累计实现收益22885万元；在债券存续期内，累计支付利息2905万元，还本付息额为18609万元。

【案例6-8】

江西省乡村振兴高标准农田建设项目

项目以建设高标准农田为目标，围绕农田主要限制性因素以及全面质量提升开展土地平整、灌溉与排水、田间道路、电力提灌站及农田防护与生态环境保持、农田输配电等工程建设。项目总投资为141302.53万元，其中资本金95356.53万元，占总投资的67.48%，资本金来源于中央、地方财政资金。计划发行专项债券融资45946万元，占总投资的32.52%，除专项债券外，项目没有其他融资。项目收入来源为新增耕地指标收入和新增产能指标收入。

【案例6-9】

安徽省枞阳县高标准农田建设项目

项目总投资为15795.59万元，申请专项债券6000.00万元。项目建设内容如下：一是土地整治工程，完成土地平整、土壤改良65000亩。二是灌溉与排水工程，完成清淤坑塘196口，清淤土方54.79万立方米，塘坝衬砌1365米；排水沟清淤87条，长度46622米；渠道衬砌150条，长度52036米；新建挡土墙851米；新建涵管桥371米，机耕桥114座；新建排灌站5座，节制闸20座，倒虹吸1座，溢流堰9座，拦水坝6座。三是田间道路工程，新建机耕路178条，长度71143米。项目收入来源为：新增耕地指标交易收入和土地流转收入。

4. 乡村振兴农产品种植养殖专项债

（1）项目建设内容

农产品种植（养殖）类项目主要建设内容包括农作物种植基地、畜牧业养殖基地、农产品检测中心、农贸交易市场等，此类型项目多数以农业产业园、种植园或田园综合体等形式进行运作。

（2）项目实施单位

此类项目的实施单位一般为农业农村主管部门或从事农业农村开发的国有企业平台公司。

（3）项目收益来源

此类型项目自身存在一定的经营属性，项目收益一般来源于农产品种植（养殖）收入、种植（养殖）基地对外出租收入、对外检测服务收入、交易市场出租收入以及配套的停车费、广告、仓储服务等收入，部分项目满足政策扶持的，可产生政策性补贴收入。

下面以山东省济宁市金乡县国家现代农业产业园项目为例进行说明。

【案例6-10】

山东省济宁市金乡县国家现代农业产业园项目

项目建设内容为大蒜绿色标准化种植基地500亩，大蒜种苗繁育基地100亩，大蒜数据中心、科研中心、检测中心、展示中心等107亩。

项目总投资4亿元，其中自筹项目资本金1亿元，发行专项债券3亿元，2020年首次发行0.8亿元，债券期限为10年。

项目收入来源：大蒜种植及繁育基地产品销售收入，检测中心对外农产品检测收入，农产品展厅门票收入，农民培训收入。

项目收益与融资平衡：预期农产品销售收入为1000万元/年，农产品检测收入2000万元/年，展厅门票收入2400万元/年，培训收入200万元/年。项目债券存续期内预期可实现收入8.7亿元，扣除运营成本后剩余6.4亿元，对债券还本付息覆盖倍数为1.33。

5. 乡村振兴公共服务配套专项债

（1）项目建设内容

乡村振兴公共服务配套专项债项目建设内容主要包括农村供水（水质提升）、生活污水处理、基层医疗卫生、学前教育等项目类型。

（2）项目实施单位

乡村振兴公共服务专项债项目实施单位主要为各类型项目对应的主管部门，如水务局、卫生局、教育局等，部分项目实施单位为乡镇人民政府或国有企业平台公司。

（3）项目收益来源

乡村振兴公共服务专项债项目根据具体提供的公共服务向公众收入

相关费用，例如供水费用、污水处理费、门诊收入、学费收入等。

例如，山东省菏泽市单县村卫生室建设项目实施单位为单县卫生与健康局，在单县83个村分别各建设村卫生室1个，总建筑面积12750平方米，包含诊断室、治疗室、药房以及其他配套建筑和相关设备购置。项目总投资2105万元，其中财政资金447万元，发行专项债券1658万元。2020年首次发行700万元，债券期限为10年。项目债券存续期内，预期可实现门诊收入2.1亿元，产生相关运营成本1.7亿元，剩余收益4011万元，对债券还本付息覆盖倍数为1.73。

乡村振兴专项债项目策划原则和要点

乡村振兴专项债项目需要掌握策划原则和要点，主要有以下方面：

1. 乡村振兴专项债项目基本情况

（1）总体特征

乡村振兴专项债项目种类丰富，资金需求较大、项目周期长（建设期普遍在20个月左右，具体建设时间根据项目实际情况来决定）、经营分险大、投资回收期长。

（2）项目类型、建设内容及规模

乡村振兴专项债主要包括四类项目：一是乡村振兴基础设施类，二是乡村振兴农产品种植养殖类，三是乡村振兴公共服务配套类，四是乡村振兴旅游类等。

从全国各地已经发行的乡村振兴专项债券来看，项目内容主要包括果蔬、粮油、水产、生猪等农产品生产基地建设以及高标准农田建设、现代农业产业园区和农业产业强镇建设、水库移民、土地复垦、水利建设、脱贫迁建、农村公路、特色小镇、畜禽粪污、农村污水和生活垃圾处理等，建设内容广泛且涉及面广，建设规模较大。

（3）实施主体

根据不同的项目类型，乡村振兴专项债项目实施主体一般为农业农村主管部门、文化旅游主管部门、乡（镇）人民政府或从事农业农村投资开发的国有企业平台。

（4）收益来源

乡村振兴基础设施类项目自身盈利性较弱，收益来源主要为项目实施过程中产生的间接收入，如土地出让收入、耕地指标交易收入、广告收入、涉及水系类基础设施的可产生水面经营权转让收入、养殖收入等。

乡村振兴农产品种植养殖类项目自身存在一定收益性，主要为农产品种植养殖收入、种植养殖基地对外出租收入、种植养殖技术推广收入、交易市场摊位出租收入及配套的冷链、储存服务等收入，部分项目满足政策扶持条件的，可产生政策性补贴收入。例如，农产品仓储保鲜冷链设施建设资金补贴额度原则上不超过建设的仓储保鲜设施的30%，单个项目补助资金不超过100万元。

乡村振兴公共服务配套类项目根据具体提供的公共服务向公众收取相关费用作为主要收入来源，如供水费用、污水处理费、门诊费用、学费等。

乡村振兴旅游类项目根据项目建设内容的不同，可产生多样性的收益。常规性收益来源有门票收入、商铺租赁收入、广告收入、餐饮住宿收入、活动场地租赁收入、农作物采摘体验收入、停车费收入等。

2. 乡村振兴专项债策划原则

乡村振兴专项债项目策划要注意以下几点：

1）不得借乡村振兴之名违法违规变相举债。

2）严禁以已有明确用途的土地出让收入作为资金来源发行地方政府专项债券。

3）禁止违法占用耕地建房。

4）严禁新增地方政府隐性债务，县级政府债务风险预警地区原则上不得举债建设特色小镇。

5）不搞大拆大建和面子工程。

6）严禁违规占用耕地和违背自然规律绿化造林、挖湖造景，严格控制非农建设占用耕地。

7）不得违规占用耕地从事非农产业，不得侵害农民财产权益。

8）防止耕地"非粮化"和"非农化"，严格保护耕地，严格控制农用地转为建设用地，严格控制耕地转为林地、园地等其他类型农用地。

9）国家明令淘汰的落后产能、列入国家禁止类产业目录的、污染环境的项目，不得进入乡村。

10）严禁变相减免土地出让收入，确保土地出让收入及时足额缴入国库。

11）严格控制河流湖库、近岸海域投饵网箱养殖。

12）严格核定土地出让成本性支出，不得将与土地前期开发无关的基础设施和公益性项目建设成本纳入成本核算范围，虚增土地出让成本，缩减土地出让收益。

13）严格规范村庄撤并，严禁违背农民意愿、违反法定程序撤并村庄，不得违背农民意愿、强迫农民上楼。

14）严格遵循乡村规划"三区三线"的空间管制。

15）严守耕地和生态保护红线。

16）严禁将不达标污水排入农田，严禁将生活垃圾、工业废弃物等倾倒、排放、堆存到农田。

3. 乡村振兴专项债项目策划要点

（1）加强政策分析

一方面，项目要符合当年政策支持的范围，规避负面清单所涉及的内容；另一方面，要满足政策规定的各种边界条件，如项目资本金比例、专项债发行期限、还本付息方式等。

（2）统一规划，集合发行

乡村振兴项目具有内容多、规模较小、边界模糊等特征，并且原有项目运作模式主要以财政资金拨款为主，由农业农村局及各乡镇分散建设，缺乏项目规范性和规模性。规范性的缺失不利于项目的审核，规模性的缺失导致专项债券融资规模有限，债券融资效率不足。因此，需要加强同类项目统一规划，集合本区域各乡镇同类型项目，通过统一规划形成整体项目并履行立项等审批手续，明确项目边界，做大项目规模，提升项目规范性，保障乡村振兴专项债券发行的合规性，提升债券融资效率。

（3）充分挖掘项目潜在收入

乡村振兴项目往往收益偏低、资金回收期较长，基础设施类项目更是基本无收益，导致项目收益融资平衡难。策划乡村振兴专项债券时，需要充分识别并挖掘项目潜在收入，在规划阶段将部分经营内容纳入项目范围，如建立配套市场商铺、拆迁耕地复垦、林下种植、水面经营等，从而提升项目的经营属性，扩大项目的收入来源，满足专项债券还本付息的要求。以农村人居环境整治为例，其项目收益主要有投资补助和基建奖励、运营补贴、自来水水费收入、污水处理费收入、中水出售收入、肥料出售收入、承接购买服务收入（清厕）、广告收入等。

（4）合理组合项目

对收益较为充足的乡村振兴专项债优质项目，可以采用单一项目申报地方政府专项债券；对收益不足的项目，可以考虑将有收益类的项目与其他收益性较弱的项目进行组合，例如："农业＋文化旅游""农业＋生态建设""农业＋人居环境"等，充分挖掘项目的收入，提高项目发债额度。

（5）提升项目运营管理水平

乡村振兴项目经营内容一般存在较大的不确定性，耕地指标交易、农村土地出让、水面承包出租、种植（养殖）、景区运营等收入的实现均面临较大挑战，导致专项债券还本付息存在一定风险。因此，需要加强项目后续的运营管理，提升项目策划与宣传能力，通过加强与自然资源部门对接、种植（养殖）扶持、宣传活动策划、主体活动举办等多途径有效保障各项收入的可持续性，降低偿还风险。

（6）依托机构增强发债能力

专项债券策划发行涉及项目分析遴选、项目可研编制、项目初设编制、专业机构审核、信用评级等多项工作，结合乡村振兴项目在项目规模、项目收益、合规手续等方面的短板，建议地方政府在探索发行乡村振兴专项债券时，整合第三方专业机构为专项债券策划发行提供全流程服务，规避债券发行存在的部分问题，降低债券潜在风险和发行难度，保障乡村振兴专项债券的成功申请与发行。

产业园区借助专项债核心：建设内容与收益来源

从 2019 年到 2022 年，在政策引导之下，专项债投向重点领域在不断变化。2019 年，以棚户区改造为主的保障性安居工程、土地储备是专项债的两个主要投向，合计占比达到 64.4%。从 2019 年 9 月起，国务院、财政部先后发文要求专项债资金不得用于土地储备和房地产相关领域，同时规范棚户区改造专项债融资行为。从 2020 年起，土地储备专项债项目几乎消失，市政和园区、社会事业两大投向成为新的发力点。

数据显示，从 2019 年到 2022 年，市政和园区类专项债每年的占比都在逐步上升，2021 年达到 1.13 万亿元，占比 31%，居所有专项债首位。就各省、自治区、直辖市而言，青海、天津、河北、广东、浙江、云南等地区新增专项债投向基础设施建设的比例较高，基本达到 55% 以上，其中青海、河北、云南侧重对公路、水务的建设，天津更加注重生态环保领域的建设，广东、浙江则更加注重铁路、轨道交通层面建设。而河南、北京、吉林、上海等省份投向基础设施建设的比例相对较低，在 30% 以下，这些省份更多将专项债用于棚户区改造等保障性安居住房、产业园区基础设施建设等领域。

1. 产业园区专项债项目基础设施建设内容

根据地域特色、行业、城市总体规划的不同，产业园区包括现代农业产业园、文化产业园、电子信息产业园、特色工业园、综合保税区、军民融合产业园、国际产业合作园、高新技术产业园、经贸合作园、生态工业示范园、循环经济示范园、低碳工业园等，各地区可根据实际情况建设符合当地经济发展需求的产业园区基础设施。

根据已发行的不同类型产业园区专项债项目，其基础设施建设内容主要有十项：标准厂房、仓储房、科研中心、道路、排污、消防、通信、管网、污水处理系统、固废处理回收系统等配套设施建设。

2.产业园区专项债项目主要收入来源

专项债券项目收入应来源于项目的建设内容，由项目自身运营产生。根据已发行的不同类型产业园区基础设施专项债项目，一般情况下，产业园区基础设施项目收入主要来源于厂房、仓储房、科研中心等配套服务设施的出租收入，污水、固废处理收入，停车费收入和土地出让收入等（见表6-1）。

表6-1 产业园区专项债种类及收入来源

序号	专项债名称	用途	收入来源
1	园区建设专项债	园区的基础设施建设，如场地平整、园区道路、标准化厂房建设等。	土地出让收入、建设指标流转收入、厂房租售收入、园区的服务性收入等。
2	工业园区专项债	工业园区的定向建设，如园区起步区建设、城镇综合体建设、铁路专用线建设、专用码头建设、创业发展服务平台建设、工业园区基础设施建设等。	土地出让收入、供水排水收入、码头及铁路运输收入、工业及办公用房出租收入、仓库及公寓出租收入、停车及加油收入等。

续表

序号	专项债名称	用途	收入来源
3	产业园区专项债	园区的土地整理、环境整治、管网绿化、仓库物流、厂房建设等。	土地出让收入、管网运维收入、物流收入、厂房租售收入等。
4	生态保护专项债	园区及周边的环境整治，截污管网、污水处理设施、固废处理设施的建设。	场地修复收入、供排水收入、固废处理收入等。
5	城乡发展专项债	园区及周边村镇的道路建设、基础设施建设、农村人居环境整治等。	土地开发收益、园区广告经营收入，村镇的供排水、垃圾处理收入。
6	医疗卫生专项债	园区及新城地区的医疗设施建设和扩改建。	医疗服务收入等。
7	流域治理专项债	园区水域周边的环境治理、基础设施建设、土壤修复、供排水设施建设、管网建设等。	土地出让收入、供排水运维收入、建设用地指标流转收入等。
8	教育专项债	学校的基础设施（教学楼、图书馆、实验室）建设、学生宿舍建设、运动场馆建设等。	教育收入、学生宿舍收入、体育场馆运营收入等。
9	文旅专项债用途	文化中心、旅游基础设施、旅游道路、环境整治等。	土地增值收入、旅游设施运维收入、广告及商业收入等。
10	机场专项债	土地整理、机场及配套设施的建设、配套公路的建设、配套产业园区的建设等。	土地出让收入、起降费、旅客服务费、安检费、地面服务费、停车费收入、厂房租售收入、园区运维收入等。
11	人才综合体专项债	园区的人才公寓、科研办公设施、幼儿园等生活配套设施建设。	土地出让收入、公寓租金、办公楼租金、幼儿园运营收入、停车收入、物业管理费收入等。

续表

序号	专项债名称	用途	收入来源
12	园区改造专项债	园区基础设施提质改造、节能改造、污水处理，新建废弃物处理中心等。	土地出让收入、污水处理收入、节能改造运维收入、工业废弃物处理收入等。
13	绿色市政专项债	园区的基础设施、市政设施建设、绿化景观建设等。	土地出让收入、市政设施运维收入等。
14	地下综合管廊专项债	园区内地下综合管廊的建设等。	管廊运维收入、入廊费等。
15	停车设施专项债	园区内公共停车场的建设及运维等。	停车费收入、广告收入等。
16	循环经济专项债	园区内基础设施、供排水设施、固废处理设施、垃圾资源化设施、建筑垃圾综合处理等建设。	土地出让收入、供排水收入、固废处理收入、建筑垃圾处理收入、垃圾资源化收入、建筑垃圾再生品收入等。
17	高铁专项债	高铁场站的建设、高铁园区的土地平整及基础设施建设、配套交通项目建设等。	场站的商业收入、土地收入、园区服务收入、交通项目收入等。
18	轨道交通专项债	征地拆迁、园区配套的轨道交通线路建设、车辆购置、场站建设等。	车票收入、商业收入、沿线土地收益等。
19	物流设施专项债	物流仓库、冷链物流设施、物流配套设施建设等。	仓库出租收入、物流设施运维收入、商业收入等。
20	能源专项债	天然气管网、储气设施的建设等。	天然气运输收入、仓储收入等。

3. 产业园区专项债项目申报重点事项

（1）项目业主须符合专项债政策要求

申报专项债券的项目业主须为政府部门或国有企业。

（2）建设内容应符合投向

拟申报专项债券的产业园区基础设施项目应包括标准厂房等主体建设内容，根据项目实际情况可以建设道路、污水处理、管网等配套设施，但需要注意配套建设投资占总投资比例的合理性，避免无收益、收益性不足项目过度包装；不能以纯产业、纯园区道路项目进行申报。

（3）项目建设内容不涉及专项债负面清单

根据党中央、国务院有关文件要求及财政部明确的专项债券负面清单，申报专项债券的产业园区基础设施项目建设内容应避免涉及一般房地产开发、园区内酒店开发、公寓、景观提升工程、街区亮化工程、园林绿化工程等形象工程和政绩工程。

（4）注意项目收益测算的合理性

申报专项债券的核心要素之一是实现项目收益与融资自平衡，项目的收益性以及收益合理性最为关键。在产业园区基础设施项目中应注意收益来源与建设内容的关联性，以及收费单价设定的合理性。例如：停车位建设规模、车位使用率需与园区规模相匹配，出让的土地需与园区建设相关联；土地出让费、停车费、租金、物业费等单价的设定需有充分的参考依据（具体可参考公开平台公布的当地同类型土地出让单价、有关收费文件，还可进行同地区同类型市场价格情况调研等）。

在地方政府专项债券积极支持市政和产业园区基础设施建设的窗口期，应加紧谋划符合申报条件的项目取得资金，促进产业园区顺利建设，有助于地方扩大产业规模、提升产业水平，带动地区经济发展。

下面以湖北省安陆市万亩蓝莓全产业链项目专项债券为例进行说明。

【案例6-11】

湖北省安陆市万亩蓝莓全产业链项目专项债券

一、项目介绍

项目以2023年湖北省专项债券十九期（普通专项）成功发行第一批次1亿元，发行期限15年，发行利率3.15%。目前，蓝莓研发研学展示中心、500亩蓝莓基质种植基地等相关子项已进入建设阶段。

二、建设背景

湖北省安陆市蓝莓产业主要集中在赵棚镇，依托山地资源优势，赵棚镇政府先后引进鑫民农业、顺农等龙头企业，对团山、土桥、东升荒山岗地进行开发，建设蓝莓种植示范基地，产业规模已达到5000余亩，其中棚栽基质蓝莓约500亩，且开发了蓝莓酒、蓝莓汁、蓝莓果酱、蓝莓干等深加工产品。

依托安赵公路，结合镇域内红色文化资源，赵棚镇推进农文旅教融合发展，先后举办两届"蓝莓节"，全镇蓝莓产业已初步形成集种植、加工、销售、休闲采摘等于一体的产业链。2017年，安陆市以赵棚镇为核心、以蓝莓、三水梨等健康水果为主导产业，谋划了安陆市现代农业健康水果产业园，并成功入选省级现代农业产业园。

安陆市政府十分重视蓝莓产业发展。由市级领导担任"链长"，制定了实施方案，明确产业布局、发展规模、主攻方向和推进举措，实现了蓝莓产业由一名市级领导包保，一个专班推进。2022年7月，市蓝莓产业工作专班在赵棚镇开展了产业调研，蓝莓产业发展面临基础设施老化（重点是园区道路），蓝莓生产模式落后（以地栽蓝莓为主，与现代化的基质蓝莓栽培在产品品质、精细化管理、生产效益等方面仍存在差距），缺乏保鲜冷链设施等问题。

做强蓝莓产业，必须在补链、延链、强链上下功夫，安陆市特谋划万亩蓝莓全产业链助力乡村振兴一期建设项目，通过申报地方政府专项债券资金解决蓝莓产业发展中产业基础设施社会资本投资乏力问题，促进蓝莓产业跨步发展，让蓝莓果成为群众增收的"致富果"。

三、建设思路

安陆市结合蓝莓产业发展，提出以市场需求为导向，以提升蓝莓全产业链发展水平为主攻方向，以农业增效、农村增绿、农民增收为目标，围绕基质蓝莓种植基地、蓝莓冷藏集散中心、蓝莓研发研学展示中心、蓝莓生产基地建设万亩蓝莓全产业链助力乡村振兴一期项目，建优建强蓝莓全产业链，推动产业深度融合，推进蓝莓产业实现新突破、取得新成效，提升安陆市现代特色果业的竞争力。

四、重点建设内容

项目重点建设内容为：一是建设占地面积2000亩的高标准蓝莓生产设施大棚，配套水肥一体化系统、蓝莓种植基质、PE种植盆以及道路和排水渠等。二是建设集质量检测、冷藏保鲜、电子结算、信息追溯、技术推广等现代化基础设施为一体的蓝莓冷藏集散中心，实现蓝莓鲜果从基地即采即送，提高本地蓝莓向消费市场的配送效率。其中，蓝莓集贸中心和技术推广中心总建筑面积3204.34平方米，停车场640平方米。三是建设占地20亩的蓝莓研发研学展示中心，包含蓝莓产品研发、展示销售、研学体验等功能，配套建设3379.5平方米的停车场，以及项目区的道路、排水、绿化等基础设施。四是建设占地面积30亩的蓝莓生产基地，建筑面积12000平方米，配套建设排水、道路、供电、绿化等基础设施。

五、项目投资

项目计划总投资36111.13万元，其中自筹资金8111.13万元，拟申请专项债券28000.00万元。

第7章

高标准农田建设主要资金来源

高标准农田建设的核心要素

高标准农田建设是保障国家粮食安全的重要基础，是推进农业产业融合发展的重要保障。2021年中央一号文件要求"实施新一轮高标准农田建设规划"，并要求强化规划引领，建立国家、省、市、县四级建设规划体系。高标准农田建设的核心要素主要包括以下几个方面：

1. 高标准农田建设条件

根据自然资源部印发的《高标准基本农田建设规范（试行）》，高标准农田认定需要符合8个方面的条件，即土地平整、集中连片、设施完善、农电配套、土壤肥沃、生态良好、抗灾能力强以及被划定为永久基本农田的耕地。一般来说，北方高标准农田要求500亩以上集中连片，南方地区要求200亩以上集中连片。

高标准农田改造提升以提升粮食产能为首要目标，围绕"田、土、水、路、林、电、技、管"8个方面，坚持问题导向和目标导向，因地制宜确定改造提升内容，着力提升建设标准和质量，打造高标准农田的升级版，形成一批现代化农田，为保障国家粮食安全和重要农产品有效供给提供坚实基础。

2. 完善农田基础设施

根据《高标准农田建设通则》等标准，针对农田基础设施薄弱、机械化水平相对较低，或已建高标准农田建设标准偏低、农田设施老化损毁严重的区域，着力更新改造农田设施，补齐基础设施短板，改善农业生产条件，提高机械化作业水平，增强农田防灾、抗灾、减灾能力。重点开展田块整治、灌排设施提升、田间道路改造、农田输配电建设、农田防护和生态环境保护措施等。具体包括以下内容：

（1）田块整治措施

合理划分和适度归并田块，平整土地，减小田面高差和坡降。适应农业机械化、规模化生产经营的需要，根据地形地貌、作物种类、机械作业效率、灌排效率和防止风蚀水蚀等因素，合理确定田块的长度、宽度和方向。田块整治后，有效土层厚度和耕层厚度应满足作物生长需要。

（2）建设灌溉与排水设施

适应农业生产需要，开展田间灌溉排水设施建设，有效衔接灌区骨干工程，合理配套改造和建设输配水渠（管）道和排水沟（管）道及渠系建筑物等，实现灌排设施配套。因地制宜推广高效节水灌溉技术、配套田间小型水源工程。

（3）修建田间道路

按照"有利生产、兼顾生态"的原则，优化田间道（机耕路）、生产路布局，合理确定路网密度、道路宽度，根据实际需要整修和新建田间道（机耕路）、生产路，配套建设农机下田（地）坡道、桥涵、错车道和回车场等附属设施，提高农机作业便捷度。平原区道路通达度100%，山地丘陵区道路通达度不小于90%。

（4）配套农田输配电设施

对适合电力灌排和信息化管理的农田，铺设低压输电线路，配套建设变配电设施，合理布设弱电设施，为泵站、河道提水、农田排涝、喷微灌、水肥一体化以及信息化工程等提供电力保障，提高农业生产效率和效益。

（5）农田防护和生态环境保护措施

根据农田防护需要，新建或修复农田防护林、岸坡防护、坡面防护、沟道治理工程，保障农田生产安全。推广生态型改造措施，以生态脆弱农田为重点，因地制宜加强生态沟渠及其他耕地利用设施建设，改善农田生态环境。

3.着力提升耕地地力

针对地力水平相对较差的区域，重点通过综合性的地力提升措施，提高耕地地力和粮食单产水平，全面改善农田生产条件，确保农田持续高效利用。重点开展土壤改良、障碍土层消除、土壤培肥等。具体包括以下内容：

（1）土壤改良

采取掺黏、掺沙、施用调理剂、施有机肥、保护性耕作及工程措施等，开展土壤质地、酸化、盐碱化及板结等改良。

（2）障碍土层消除

采用深耕、深松等措施，消除障碍土层对作物根系生长和水气运行的限制。

(3) 土壤培肥

通过秸秆还田、施有机肥、种植绿肥、深耕深松等措施，保持或提高耕地地力。

4. 高标准农田补贴政策

国家对于高标准农田建设的补贴金额以省份为单位加权平均计算，通常情况下，亩均财政资金投入为1500元以内。北京、天津、上海、厦门、浙江等地根据实际情况可拿到相对更高的财政补贴，其他省份补贴在亩均1000元左右。

申请高标准农田补贴，农田规模原则上不能低于5000亩，丘陵山区不低于2000亩。为了支持新型农业经营主体发展，在面积上以各省份的细则为准。一般小农户想要建设一块高标准农田比较难，申请补贴更不容易。因此，高标准农田建设项目补贴对象一般是专业大户、家庭农场、农民合作社和涉农企业，其中，专业大户、家庭农场须经当地有关职能部门认定或登记。涉农企业、农民合作组织须在有关职能部门注册登记，财务状况良好，具有一定经营规模、可持续经营能力和自筹资金能力，没有不良诚信记录。

在补贴申请程序上，通常是项目乡镇、新型农业经营主体递交立项申请报告→县（区）农发办编制项目建议书→市办考察、批复→县办纳入项目库、组织编制可行性研究报告→省办对可研报告评审、批复→省办下达计划编报指标→县、市上报计划→省办批复并报国办备案。

需要注意的是，我国禁止在25度以上坡耕地、退耕还林还草地区、土壤污染严重地区、地下水超采严重地区、自然保护区的核心区和缓冲区以及围湖造田、填海造田区建设高标准农田，在这些地区建设高标准农田是没有补贴的。

5. "投融建管运"一体化运作模式

目前，"投融建管运"一体化运作模式成为高标准农田建设领域常见的运作模式，通过与专业种植企业和行业专家合作，全程参与项目运营管理，形成完整的服务链条。

例如，某公司在河南省某县落地的 30 万亩高标准农田建设项目总投资 12.8 亿元，以 ABO 模式（政府授权＋企业投资建设＋运营农业基础设施）进行建设。项目以滞洪区 16 万亩方片区为主，共涉及 9 个乡镇 173 个行政村，于 2022—2025 年分三期实施建设。项目建设内容包括旱改水工程建设、地力培肥、灌溉给排水工程、田间道路工程、农田防护林网工程、智慧农业信息化工程等。项目建设完成后依托北大荒集团采用流转合作、托管服务等模式进行后期运营。

再如，某高标准农田建设项目采取政府授权业主投资建设和融资运营方式，业主按照政府相关部门批复的实施方案落实项目资金来源（包括中央和省级财政资金、自筹资金或者发债）。

项目主要还款来源为耕地占补平衡指标出让收入，此收入须经由销售方（该其自然资源局）转至业主账户，可以通过银行、业主方、销售方签订三方资金监管协议的方式锁定还款来源，约定耕地占补平衡指标实现交易，即销售方在收到指标出让款后 × 个工作日内将融资方（业主方）应得的收入全额支付至融资方在银行开立的还款专户，并优先用于归还所融资金。2021—2026 年，该县自然资源局根据耕地占补平衡指标出让协议，将耕地占补平衡指标出让给省内某市自然资源局。

6. 高标准农田建设的几个重要问题

（1）不同地区的高标准农田形态不同

高标准农田的第一个建设目标是平整土地。其次是建设田间排灌设施、田间路、配套的电力设施以及检测土壤的安全性。我国幅员辽阔，自然环境差异很大，不同地区的高标准农田在形态上也不同，建设的侧重点也会有所不同。根据当地自然条件和经济条件，高标准农田建设过程中存在一定的差异。例如，新疆地区降雨较少，农田容易缺水，在建设高标准农田时要加大灌溉设备的投入；南方平地少，尤其是丘陵较多的地区，应该相应降低集中连片的要求。一般来说，北方地区高标准农田的要求是500亩以上集中连片，南方地区则要求200亩以上集中连片。

（2）高标准农田需要"三分建、七分管"

高标准农田的管护，从"建"到"管"、从中央到地方都应该承担起相应的责任。相关的高标准农田管护政策必须要明确责任主体，落实管护措施。具体来说，各地方的农业农村局是高标准农田建设后管护的业务主管部门，负责协调组织、监督指导以及检查考核；各地方的乡镇政府是高标准农田建设后管护的责任单位；各村委会作为高标准农田工程设施管护维护的主体，负责对高标准农田工程设施进行维护养护。要充分发挥村民在维护高标准农田设施的主体作用，提高相关设备的利用率。国家要在建设好高标准农田后上图入库、加强监管，不定期进行抽查管护。

高标准农田建设项目竣工验收要点解析

高标准农田建设项目竣工验收工作是指对批准立项实施的高标准农田建设项目完成情况、建设质量、资金使用情况等方面开展综合评价的活动。项目竣工验收按照"谁审批、谁验收"的原则，由项目初步设计审批单位组织开展，并对验收结果负责。

1. 竣工验收程序

项目审批单位应在高标准农田建设项目完工后半年内组织完成竣工验收工作，应当按以下程序开展竣工验收：

（1）县级初步验收

高标准农田建设项目完工并具备验收条件后，县级农业农村部门可根据实际，会同相关部门及时组织初步验收，核实项目建设内容的数量、质量，出具初验意见，编制初验报告等。

（2）申请竣工验收

初验合格的项目，由县级农业农村部门向项目审批单位申请竣工验收。竣工验收申请应按照竣工验收条件，对项目实施情况进行分类总结，并附竣工决算审计报告、初验意见、初验报告等。

（3）开展竣工验收

项目审批单位收到项目竣工验收申请后，一般应在60天内组织开展验收工作，可通过组织工程、技术、财务等领域的专家，或委托第三方专业技术机构组成验收组等方式开展竣工验收工作。验收组通过听取汇报、查阅档案、核实现场、测试运行、走访实地等多种方式，对项目实施情况开展全面验收，形成项目竣工验收情况报告，包括验收工作组织开展情况、建设内容完成情况、工程质量情况、资金到位和使用情况、管理制度执行情况、存在问题和建议等，并签字确认。项目竣工验收过程中应充分运用现代信息技术，提高验收工作质量和效率。

（4）出具验收意见

项目审批单位依据项目竣工验收情况报告，出具项目竣工验收意见。对竣工验收合格的，核发农业农村部统一格式的《高标准农田建设项目竣工验收合格证书》。对竣工验收不合格的，县级农业农村部门应当按照项目竣工验收情况报告提出的问题和意见，组织开展限期整改，并将整改情况报送竣工验收组织单位。整改合格后，再次按程序提出竣工验收申请。

项目通过竣工验收后，县级农业农村部门应对项目建档立册，按照有关规定对项目档案进行整理、组卷、归档，并按要求在全国农田建设综合监测监管平台填报项目竣工验收、地块空间坐标等信息。

2. 申请竣工验收应满足的条件

高标准农田建设项目申请竣工验收应满足以下条件：

一是按批复的项目初步设计文件完成各项建设内容并符合质量要求；有设计调整的，按项目批复变更文件完成各项建设内容并符合质量要求。完成项目竣工图绘制。

二是项目工程主要设备及配套设施经调试运行正常，达到项目设计目标。

三是各单项工程已通过建设单位、设计单位、施工单位和监理单位四方验收并合格。

四是已完成项目竣工决算，经有相关资质的中介机构或当地审计机关审计，具有相应的审计报告。

五是前期工作、招投标、合同、监理、施工管理资料及相应的竣工图纸等技术资料齐全、完整，已完成项目有关材料的分类立卷工作。

六是已完成项目初步验收。

3.竣工验收内容

高标准农田建设项目竣工验收主要包括以下内容：项目初步设计批复内容或项目调整变更批复内容的完成情况；各级财政资金和自筹资金到位情况；资金使用规范情况，包括项目专账核算、专人管理、入账手续及支出凭证完整性等；项目管理情况，包括法人责任履行情况，以及招投标管理、合同管理、施工管理、监理工作和档案管理等；项目建设情况，包括现场查验工程设施的数量和质量、耕地质量、农机作业通行条件等，并对监理、四方验收、初步验收等相关材料进行核查；项目区群众对项目建设的满意程度；项目信息备案、地块空间坐标上图入库等情况；其他需要验收的内容。

项目竣工验收后，县级农业农村部门应当在项目区设立规范的信息公示牌，将项目建设单位、设计单位、施工单位、监理单位、立项年度、建设区域、投资规模等信息进行公开。

4.竣工验收各方职责

在竣工验收职责方面，农业农村部负责指导全国高标准农田建设项目竣工验收工作，抽查项目竣工验收工作情况，综合评价各地实施成效。省级农业农村部门负责制定本地区项目竣工验收工作规定，检查工作落实情况，每年对不低于10%的当年竣工验收项目进行抽查。省级农业农村部门承担项目初步设计审批职责的，要负责组织开展所审批的项目竣工验收工作。地市级农业农村部门负责本区域项目竣工验收及相关工作。对承担省级下放项目初步设计审批职责的，要及时组织开展项目竣工验收，验收结果报省级农业农村部门备案；对未承担项目初步设计审批职责的，要积极配合验收单位开展项目竣工验收工作，督促指导县级农业农村部门或项目建设单位做好问题整改落实。县级农业农村部门负责本辖区项目初步验收工作。对经初步验收合格的项目，及时向项目初步设计审批单位提出项目竣工验收申请。组织指导项目建设单位做好项目竣工验收准备，并对发现的问题进行整改。

5. 竣工验收的监督管理

高标准农田建设项目竣工验收过程中，验收组要主动听取项目区所在村委会、农村集体经济组织、农民等有关意见和建议，自觉接受社会和群众监督。各级农业农村部门要明确项目竣工验收工作纪律和有关要求。验收组成员要严格遵守廉洁自律各项规定，对项目作出客观公正的评价。验收组成员与被验收单位或验收事项有直接利害关系的，应主动申请回避。各级农业农村部门要积极配合相关部门开展审计和监督检查，在项目竣工验收过程中发现违法违规问题的，应当在法定职权范围内按有关规定及时作出处理。必要时，向有关部门提出追究责任的建议。

高标准农田建设五大资金来源

由于高标准农田建设涉及工程、农艺等，建设内容繁多，随着建设的深入推进，待建设的农田地块位置更加偏远，建设条件更加复杂，加之施工材料价格和劳动力成本不断提高，投资缺口日渐增大。目前，受各级财力限制，全国大部分地区高标准农田亩均财政投入水平与实际投资需求相比还有一定差距。因此，在确保地方财政资金足额落实到位的同时，迫切需要构建多元化筹资机制，来应对建设成本升高、资金投入不足的挑战。

1. 中央财政资金

2020 年中央财政农田建设补助资金总额达到 867 亿元，比上年增加近 8 亿元。

2. 省级财政配套资金

各地通过优化地方财政支出结构，合理保障财政资金投入。近年来，地方财政投入力度持续加强。2020 年，河北、江苏、河南等省份地方财政亩均投入超过 500 元。

3. 地方政府债券

鼓励地方政府在债务限额内，发行债券来支持符合条件的高标准农田建设。近年来，债券投入规模不断扩大，江西、山东、四川等 9 省份发行专项债、抗疫特别国债、一般债等近 200 亿元用于高标准农田建设。

4. 新增耕地的指标调剂收益

完善新增耕地的指标调剂收益使用机制，土地指标跨省域调剂收益按照规定用于增加高标准农田建设的投入，省内高标准农田建设新增耕地指标调剂收益优先用于农田建设后再投入和债券偿还、贴息等。

5. 其他资金

以河南省高标准农田建设为例，2021 年国家下达河南省 750 万亩高标准农田建设任务，河南省探索形成了多元筹资机制，指导市县政府以发行债券、整合涉农资金、先建后补、社会资本合作等方式支持项目建设。2020年1月至2021年3月，河南省共落实省级财政配套资金49亿元，使用政府债券12亿元、政策性银行贷款4.33亿元，吸引社会资本440多万元，整合涉农资金2.65亿元、电力部门投入资金9.8亿元。

此外，高标准农田建设主要资金来源还包括政策性银行贷款、社会资本等。例如，中国建设银行高标准农田建设贷款是专门针对自主实施高标准农田建设主体及施工主体的贷款，主要用于满足高标准农田建设或承接高标准农田建设项目工程所需的经营周转融资需求，贷款期限最长可达10年，贷款金额最高可达项目总投资的75%。

下面以某县2022年高标准农田建设项目为例进行说明。

【案例7-1】

×县2022年高标准农田建设项目

一、指导思想

为全面贯彻落实中央和省、市关于高标准农田建设决策部署，按照保障国家粮食安全总体要求，抢抓乡村振兴政策机遇，深入实施"藏粮于地、藏粮于技"战略，落实"统一规划布局、统一建设标准、统一组织实施、统一验收考核和统一上图入库"要求，实施高标准农田区域化整体建设，建立多元筹资机制，强化定期督查调度，加快构建高标准农田建设集中统一管理新格局。

二、目标任务

项目建设期内全面建成高标准农田×万亩，分两期建设。按"小并大、短变长、陡变平、弯变直和互联互通"的要求，通过田、土、水、路、林、电、技、管等措施推进高标准农田建设和宜机化改造，不断提高耕地质量和农业机械化水平，确保农作物生产旱涝保收。项目建成后将有效提升和改善项目区乡镇的农业生态环境，增强农业综合生产能力，为保障粮食安全、巩固脱贫攻坚成果、实施乡村振兴战略打下坚实基础。

三、资金概算

项目概算总投资×万元，投资按×元/亩进行规划设计。

四、资金来源

项目中央财政资金×万元，省级配套资金×万元，县级配套资金×万元，政策性银行贷款×万元。

五、建设标准

1. 严格依规选项

按照相对集中连片，整体推进的要求，科学合理确定项目选址和规模，以各乡镇摸底上报的基础数据为参考，由设计单位深入现场，对项目区域内每一地块进行勘察，并与各乡镇政府、涉及村社衔接沟通，最终确定项目实施区域、面积、技术要求等。按照"整流域推进、整区域规划"的原则，单个项目建设规模原则上不低于×亩。受自然条件限制，单个项目相对连片开发面积达不到上述要求的，可在同一流域内选择面积相对较大的几个地块作为一个项目区。

对2010年（含）以前立项的中低产田改造项目区提质更新，按照"填平补齐、避免重复建设"的原则确定建设内容。2011年及以后相关部门立项建设的高标准农田地块,在国家规定使用年限内,不能再列入建设范围。禁止在地面坡度大于25度的区域、土壤污染严重的区域、自然保护区核心区和缓冲区、退耕还林还草区等开展高标准农田建设。

2. 科学合理设计

按照《高标准农田建设通则》(GB/T 30600)和《节水灌溉工程技术标准》(GB/T 50363)等标准,在尊重群众意愿的基础上,在项目区内打破原地埂界限,按照"长不限、延山转、大湾就势、小湾取直"的要求,将原地块采取"二合一"或"三合一"(将较窄的两块或三块地合成一块)的办法,科学合理设计高标准农田建设内容,实行田、土、水、路、林、电、技、管综合配套,重点突出土地平整和田间道路拓宽,配合做好土壤改良、灌溉排水、农田防护与生态环境保护、农田输配电等配套建设,加强科技服务和建后管护,有效提高耕地地力和质量。

在坚持以农田水利为重点,实行多项措施综合治理的前提下,允许项目区按照"缺什么、补什么"的原则确定具体工程措施和投入比例,可参照原来实施的高标准农田建设项目开展初步设计。按照差异化的补助原则,设计时通过测算土方量确定不同实施区域的高标准农田建设所需资金,确保高标准农田在建成后田面下限宽度必须在11米以上,梯田软埂坡度达到70度,垫方深度达1米以上,田间道路宽度达到3.5米以上。

3. 规范项目管理

项目建设实行法人制,建设过程中严格按照国家有关招投标、政府采购、合同管理、工程监理、资金和项目公示等规定执行,勘测、设计、施工、监理及设备购置等由项目法人单位通过招标采购方式确定;初步设计由具有勘察、设计资质的机构编制,并达到规定深度,在设计过程中务必深入到田间地头，对可实施的每一块地块进行现场勘测、设计，严禁在谷歌、百度等地图上进行室内测绘。项目建设地点、建设内容、建设规模等相关信息要及时公开、公示，接受社会和群众监督。按照初步设计落实建设内容和施工标准，落实监理责任，鼓励群众参与监督，确保建设质量。项目验收后要按照"谁受益、谁管护"的原则，明确管护主体、管护责任和管护义务，及时办理资产移交手续。

4. 加强资金管理

严格按照《农田建设补助资金管理办法》(财农〔2022〕5号)规定，坚持政府主导、多元投入，多渠道争取资金投入，确保建设标准不降低、工程质量能提高。充分调动农民参与积极性，在不突破一事一议限定额度标准的前提下，积极鼓励和引导受益农民（或农村集体经济组织）筹资投劳，实现"责、权、利"统一。探索耕地保护与质量提升、土地保护等政策与高标准农田建设统筹实施，在一个区域集中整体推进，形成政策集聚效应，提高资金使用效益。县农业农村局要主动对接县自然资源局，共同核定高标准农田建设项目新增耕地，用于耕地占补平衡，并将调剂收益优先用于高标准农田建设等补充耕地任务。

六、实施步骤

1. 摸底汇总阶段（××年×月—××年×月）

按照"填平补齐、避免重复建设"的原则，对×年及以后相关部门立项建设的高标准农田地块不再列入建设。由各乡镇会同县农业农村局、县水务局、县自然资源局等部门对可实施高标准农田地块进行摸底汇总，确定建设范围。

2. 初步设计阶段（××年×月—××年×月）

完成初步设计与施工图设计等工作，通过市级审核批复后进行招投标。

3. 制定方案阶段（××年×月—×年×月）

根据省市相关文件精神及各乡镇高标准农田建设地块摸底汇总情况，以及第一批、第二批统筹整合使用财政涉农资金安排情况，制定项目实施方案。

4. 实施阶段（××年×月—××年×月）

根据项目资金安排情况完成施工单位、监理单位等招投标工作，确定施工、监理等单位，并签订施工合同，立即组织开展项目建设，全面按期完成田间工程建设任务。

5. 验收阶段（××年×月—××年×月）

由县农业农村局牵头，组织县直相关部门完成项目竣工验收后投入运行，同时要加强后期项目管护工作。

七、保障措施

1. 加强组织领导

县高标准农田建设工作领导小组负责组织协调推进高标准农田建设工作，研究解决工程建设过程中的重大问题。领导小组办公室下设×个协调指导组，配合办公室抓好高标准农田建设管理具体工作，牵头组织项目顺利推进。

2. 明确工作职责

县高标准农田建设领导小组统筹，组织各有关部门和乡镇保质保量实施好高标准农田建设项目；县发展改革局做好预算内项目资金计划的监督检查；县乡村振兴局做好统筹资金的安排计划；县财政局加强农田建设资金的监督和管理，严格执行国库集中支付制度；县自然资源局按规定做好新增耕地核定工作，土地利用变更调查最新成果服务，将项目新增地调剂收益优先用于高标准农田建设；县水务局做好高效节水灌溉措施的技术指导工作；县农业农村局负责制定全县高标准农田建设规划，编制项目初步设计、年度实施计划，负责项目招投标及具体实施工作，指导、监督、调度项目建设，审核项目资金报账资料，汇总项目档案资料，开展项目初步验收，并会同县财政局组织做好绩效评价工作；县审计局组织开展项目资金及竣工审计。乡镇政府对项目建设进度、质量、安全等履行属地监管责任，确定分管领导和责任干部包抓，选聘农民监督员，调解矛盾纠纷，土地确权，造册登记，组织项目区群众筹资投劳，配合实施好田间农路建设、梯田软埂培实等工作，配合做好项目档案资料收集整理、项目调度、数据报送等工作。

3. 严格项目验收

项目完工后，制定项目验收方案，按照项目法人自验、县级初验、市级全面验收、省级抽验的程序，规范开展验收工作。在项目法人自验的基础上，由县农业农村局组织实施项目初步验收。初验合格后，报请市农业农村局组织开展竣工验收。竣工验收结果要及时报省农业农村厅备案，省级每年对当年竣工验收项目按照一定比例抽查。

4. 强化考核监管

严格落实项目管理主体责任，统筹做好项目监管各项工作，并实现奖优罚劣，对工作突出的乡镇在安排下一年度建设任务和资金时予以倾斜；对项目未达到建设标准，督查和审计中发现存在重大问题或虚报数据材料的乡镇予以通报批评，并适当调减下一年度建设资金。县农业农村局要严格跟踪问效，对督查发现的问题，督促责任主体及时抓好整改落实，对整改不彻底、不到位的要严肃进行处理。

金融支持高标准农田建设

近年来，国内多家商业银行创新模式加大投入高标准农田建设项目，根据国家金融监管总局的统计数据，2023年7月末全国农田基本建设贷款余额同比增长34.4%，居各项涉农贷款增幅前列。2021年12月，建行浙江嘉兴海宁支行在系统内首笔2.5亿元高标准农田项目贷款成功投放，贷款期限8.38年，用于海宁市盐仓综合开发有限公司承建"海宁市长安镇东陈村等4村全域土地综合整治与生态修复工程项目"，涉及建设用地复垦872.85亩、垦造耕地783.45亩、旱改水71.4亩、高标农田建设2143.5亩。国家开发银行于2023年初设立了农田建设专项贷款，主要用于支持高标准农田建设，包括耕地质量提升和耕地后备资源的利用。此专项贷款有三方面特点：一是金额大，约1000亿元；二是期限长，贷款期限可达30年；三是贷款利率低。

围绕建设高标准农田的目标，中央和地方陆续出台支持政策和建设资金保障。例如：安徽省政府要求，新建高标准农田亩均财政资金投入标准不低于2250元，扣除中央财政亩均补助1000元左右，剩余的1250元补助，由省财政承担50%、市县财政承担50%。

2023年，中国农业发展银行安排不低于2000亿元贷款规模，全力支持农田建设和耕地质量提升。农发行始终把服务"藏粮于地"战略和全力配合国家大规模推进高标准农田建设作为自身的首要责任和重要使命。积极探索"农地+"模式创新，因地制宜推出"高标准农田+产业导入""高标准农田+种业基地""高标准农田+综合整治"等模式，以高标准农田等耕地保护与提升为核心，带动规模种养、农产品加工、农业社会化服务等乡村产业发展,同步推进农业基础设施现代化和乡村产业振兴。

下面以中国农业银行河南省分行支持河南省兰考县高标准农田建设项目为例进行说明。

【案例 7-2】

中国农业银行河南省分行支持河南省兰考县高标准农田建设项目

一、项目背景

河南是农业大省,已累计建成高标准农田 8330 万亩,粮食产量连续 6 年超过 1300 亿斤,占全国的 1/10。"十四五"期间,河南省委、省政府规划建设 1500 万亩高标准农田示范区。为扛稳服务国家粮食安全的责任,助力农业强国建设,中国农业银行河南省分行将服务高标准农田建设作为"班子工程",在相关部门增设粮食产业金融部,并绘制各地生态图谱,推动金融服务高标准农田建设。

中国农业银行河南省分行围绕 2023 年目标建设的 600 万亩高标准农田示范区,夯实源头获取项目信息的能力,启动"项目推进投放行长负责、前后台平行作业、有条件审批、项目审批运行督办"服务机制,优先支持兰考、中原农谷等重点区域项目,重点推进南阳、安阳、新乡等示范区的项目。截至 2023 年 5 月末,该行累放涉及高标准农田建设贷款 32.7 亿元,重点投向农田建设、化肥、农机改造等领域。

二、破解融资难题

中国农业银行河南省分行围绕支持高标准农田项目建设,创新推出"建设(承贷)主体+土地流转+经营收入还款+增信担保+综合服务"商业金融支持高标准农田"五位一体"模式,为高标准农田建设项目提供一揽子金融服务。同时,对接高标准农田建设上游的种植大户、社会化服务组织、合作社、村集体及下游的粮食经纪人、粮食深加工企业等产业链客户,加强"惠农 e 贷——经纪人贷""一县一品——粮食收购贷"等产品模式推广,扩大信贷服务覆盖面。

河南省兰考县2023年被纳入整县推进高标准农田建设试点县,在建设过程中,当地政府发现仅靠传统的财政投入不能满足建设资金的需求,需要借助金融机构的支持,然而商业银行由于高标准农田建设周期长、收益不稳定,缺乏参与的积极性。具体来说,存在的主要问题是找不到合适的承贷主体、项目的收益无法涵盖还款来源以及没有合适的担保方式。

为破解兰考县高标准农田建设融资难题,当地政府与中国农业银行合作,由县政府投资成立建设主体向银行贷款,并将村集体、农户以及高标准农田的经营主体等利益方全部纳入。通过这一创新融资模式,兰考县8个乡镇的21万亩农田,首批就获得了5亿元信用贷款,高效地解决了高标准农田建设中的资金难题。

如何真正建设并运营好高标准农田,是兰考县红庙镇近几年的亮点经验。红庙镇依托国有平台公司融资优势,多元化整合资源,创新融资方式,利用县农业农村局、水利局、交通运输局、自然资源局、乡村振兴局等相关部门基础设施建设资金,通过合理融资策略,实现了亩均融资2000元,建成后每亩地年还款67元,20年还清。

三、整个产业链条打通打透

把高标准农田建设项目整个产业链条打通打透,按照投、融、建、运、管的模式,实现集约化经营,确保粮食增产增收。同时让老百姓利益最大化，集体有收益。

在统筹系列资金基础上，项目按照 4000~5000 元/亩的标准，依据标准化建设、现代化装备、智能化应用、市场化经营、规范化管理的"五化"模式，建设镇域高标准农田 3.1 万亩，并在三个高标准农田示范区新打农用井 225 眼、铺设各类输水管道 27 万米，清淤沟渠 1 万米、硬化 7747 米，新建桥涵闸 51 座，新修田间道路 42 千米，铺设地埋线 126 千米，新建配电房 12 座，提质改造 16 座，大大改善了原有设施无法满足现代化需求的状况。

项目开展智能化管理，建设了高标准农田可视中心，通过智慧农业管理平台对项目区内进行数据采集、分析，实现智能化管理、全流程控制，配套墒情、病虫害、苗情、气象、灾害、土壤肥力、无人机喷防、人工降雨、智能控制和水肥一体化等设备，实现了农业发展现代化和智慧数字赋能。

四、项目效果明显

项目开展农村集体产权制度改革，探索"龙头企业＋村集体合作社＋农户＋保险公司＋金融机构"机制，特别是村集体将土地交给托管公司，由专业的社会化组织提供化肥、种子等生产资料和喷防、耕种、灌溉等劳务，不仅解决了种地的专业技术问题，更通过市场化运营选择价格更低、质量更好的产品和服务实现降本增效。村集体和托管公司充分整合各类农业生产社会化服务组织资源，一方面降低成本，部分农资成本降低 15%，劳务成本降低 20%，两季每亩综合成本由之前的 1200 元降低为现在的 1000 元。另一方面，科学化管理推动营收提升单产，亩产小麦由之前的 1000 斤，提高到 1200 斤。每公斤粮食价格比市场价高 0.2 元，每亩地平均增产 100 公斤，增收约 200 元。

第 8 章

乡村振兴基础设施建设项目投融资模式

PPP 模式在乡村振兴基础设施建设领域的应用

在乡村振兴推进过程中，必须以完善农村基础设施为重点工作，加快补齐供水、供气、供电、乡村道路、农田水利、环境污染处理设施等突出短板，不断提高农业生产水平，增强农民群众的获得感、幸福感、安全感，这才是乡村振兴的应有之义。

PPP 模式的适用领域主要是基础设施建设和公共服务。农村公路建设、农村交通物流基础设施网络建设、农村水利基础设施网络建设、农村能源基础设施建设等均适合采用 PPP 模式，目前我国已经积累了一定的农村基础设施 PPP 项目操作经验。

下面以河北省沧州市黄骅市现代农业（渔业）示范园露天虾池基础设施 PPP 项目为例进行说明。

【案例8-1】

河北省沧州市黄骅市现代农业（渔业）示范园露天虾池基础设施PPP项目

一、基本情况

本项目位于河北省黄骅市南排河镇镇域范围养殖池，全镇养殖池共×亩。项目建设总投资×万元，项目资本金×万元。

项目建设内容包括：道路建设合计×千米，路宽×米；浅水水源井×眼；深井泵房×座；增设充氧机，每台增氧机服务养殖区面积为×亩；架设高压电路、安装变压器。

二、合作模式

本项目采用BOT方式，合作期×年（含建设期×年）。

三、权利义务

项目在合作期限内，中标社会资本方与政府方出资代表共同组建项目公司，由项目公司实施南排河镇内海水养殖区域的乡村道路修建、输电网络搭建以及配备养殖用浅机井和增氧机等设施设备构建，在建成后负责基础设施部分（道路、电力设施）的运营维护，运营期×年。浅机井及增氧设备由设备提供商售后维护保养，且有偿租用给养殖户，项目公司与养殖户签订租用协议，合作期×年。养殖户支付虾塘年租金×元/亩，项目公司提供增氧、补水服务另行收费。项目建成后虾产量可大幅提高，质量提升，且可快速运往天津和北京。

再以某县乡村振兴道路建设PPP项目为例进行说明。

【案例 8-2】

×县乡村振兴道路建设 PPP 项目

一、基本情况

项目主要包括×县×乡、×镇乡村振兴道路建设 PPP 项目；×县×镇、×乡乡村振兴道路建设 PPP 项目；×县×镇、×街道、×街道、×乡乡村振兴道路建设等三个 PPP 项目。

项目涉及×县×个乡镇和街道，累计总投资×亿元，拟建道路里程总计×公里，合作期×年（其中建设期×年，运营期×年），属于基础道路设施建设行业，实施机构为×县交通运输局，由相关社会资本方组建的联合体作为中标资本方与×县交通建设投资有限公司按照 90%、10% 的比例出资成立项目公司，负责项目建设与运营。

二、采购方式

项目采购方式为公开招标。

三、建设内容

项目主要建设内容包括农村公路、砂石料厂、加油站、充电站（桩）、房车营地、民宿民族旅游、乡镇物流中心、智慧路网等。

四、合作模式

项目采用 BOT 模式。

五、付费机制

项目采取使用者付费机制。

六、经验做法

近年来，×县立足于第一产业，大力促进第二、第三产业发展，第三产业高速发展的同时暴露出农村公路建设短板。

为加快农村公路网络建设步伐，×县乡村振兴道路建设PPP项目应运而生。项目实施后将有效改善农村道路情况，同时为发展第三产业奠定了坚实的基础。具体的经验做法主要有以下几点：

1. 统筹全局，长远谋划

"要致富，先修路"，加快农村公路网络的建设对促进农业农村经济发展，提高农民生产生活水平有着十分重要的战略意义。

多年来，×县农村道路网络不完善，制约了县域内部分乡镇、村的发展，×县统筹考虑全县农村道路基本情况，结合乡村振兴战略，对全县×个乡镇农村路网进行长远规划，整合实施，项目的实施将大大改善县域内农村交通状况。

2. 做活产业，拓宽收益

依托农村道路PPP项目，对沿线配套设施进行建设，将加油站、砂石料厂、充电站（桩）、房车营地、民宿民族旅游、乡镇物流中心、智慧路网等沿线配套设施的建设作为项目公司运营项目，有利于社会资本的投资回报，有效地促进了×县第三产业的发展，同时改善当地居民的生活水平及生活条件。

七、亮点成效

1. 更好统筹城乡发展

通过发展农村公路建设，缩短了城镇与乡村之间的距离，从而促进城乡生产要素的合理流动和优化组合。

城市和乡村是我国经济发展的两个组成部分，他们之间是互相作用、互相依存的。农村公路是其中关键的也是目前比较薄弱的环节。通过发展农村公路，实现农村与城市的"无缝连接"，既有利于农村引进城市的资源（技术、资金、人才、管理等），又有利于农产品的上行，

> 最终促进城乡融合发展。
>
> 2.完善城乡公路网络建设
>
> 公路运输与其他运输方式相比，具有机动、灵活、及时、通达的特点。如果说国道、省道是整个公路网的动脉血管，那么农村公路就是毛细血管。发展农村公路，一方面可以提高公路网通达面和覆盖率；另一方面，可以强化主干线公路的重要作用。

EOD 模式四大应用领域

生态环境导向的开发（Eco-environment Oriented Development，以下简称 EOD）模式是一种创新性的项目组织实施方式，其以生态保护和环境治理为基础、以特色产业运营为支撑、以区域综合开发为载体，采取产业链延伸、联合经营、组合开发等方式，推动公益性较强、收益性差的生态环境治理项目与收益较好的关联产业有效融合、统筹推进、一体实施，将生态环境治理带来的经济价值内部化。

1. 各地政府大力推进 EOD 模式

近年来，各地政府大力推进 EOD 模式，且成效显著。

2023 年 5 月，福建、四川、广西分别发布 EOD 模式项目入库通知。

其中，福建 3 个项目纳入第一批省级 EOD 模式项目，分别是厦门市湖里区东部生态环境治理与产业融合发展项目，项目申报单位为湖里区人民政府，总投资 25 亿元；漳州高新区农村生态环境整治与乡村振兴融合发展项目，项目申报单位为漳州高新技术产业开发区管理委员会，总投资 28 亿元；龙岩市永定区基于汀江 – 韩江流域及矿区人居生态环境治理的片区开发 EOD 模式项目，项目申报单位为永定区人民政府，总投资 29 亿元。

四川第三批 EOD 模式入库项目一共有 4 个，分别是南充临江新区生态环境综合治理暨绿色产业融合发展 EOD 项目，总投资 50 亿元，申报单位为南充临江新区管理委员会，实施主体为南充果州能源投资开发有限公司；达州东部经济开发区环境治理与产业融合发展 EOD 项目，总投资 30 亿元，申报单位为四川达州东部经济开发区管理委员会，实施主体为达州市投资有限公司；平昌县生态环境质量提升与绿色产业融合发展 EOD 项目，总投资 28 亿元，申报单位为平昌县人民政府，实施主体为四川国瑞皓鑫实业发展有限公司；沱江流域（资阳段）环境综合治理暨绿色发展经济带建设 EOD 项目，总投资 41 亿元，申报单位为资阳市人民政府，实施主体为资阳市城市建设投资有限公司。

广西有 11 个 EOD 项目纳入 2023 年第一批自治区级项目库，其生态环境治理内容涉及农业农村污染治理、生态保护修复、水生态环境保护、矿山治理修复等重点领域，总投资约 250 亿元，拟融资金额约 186 亿元。这 11 个 EOD 项目分别是：合山市历史遗留矿山生态修复与产业振兴 EOD 项目、阳朔县遇龙河水环境综合治理与乡村振兴产业融合发展项目、浦北县马江河流域环境整治与特色产业发展 EOD 项目、罗城仫佬族自治县武阳江流域环境综合治理与产业融合发展 EOD 项目、柳城县保大河和杨柳河流域水环境治理及产业综合开发 EOD 项目、藤县黄冲河流域环境综合治理与产业发展 EOD 项目、梧州市龙圩区全域环境综合治理与农文旅产业融合发展 EOD 项目、忻城县红水河流域生态环境综合治理与乡村振兴特色产业融合发展 EOD 项目、上林县"水美壮乡"环境综合整治与产业发展提升 EOD 项目、横州市全域农村污水治理与茉莉花产业 EOD 项目、贺州市平桂区矿山环境治理及产业开发 EOD 项目。

2.EOD 模式主要应用领域

大体而言，EOD 模式主要应用于以下四大领域：

（1）废弃矿山修复

废弃矿山修复项目可争取实现投入与产出的自平衡，一是以修复过程中开采的石料销售收入弥补修复成本；二是运用城乡建设用地增减挂钩、土地复垦等政策，通过耕地"占补平衡"延伸土地价值；三是矿山修复后的土地可用于建设农业基地、主题公园、特色产业园等，拓展经济效益；四是部分矿山可通过煤矸石粉粹形成的低成本混凝土替代原矿产支撑，替换出矿产资源，产生收入。

（2）农业农村综合开发

农业农村综合开发是将农业生产与环境治理相结合，以生态果蔬采摘、美丽乡村旅游等为代表模式，主要产业包括田园综合体、食品产业园等。

2020 年 9 月，中共中央办公厅、国务院办公厅印发《关于调整完善土地出让收入使用范围优先支持乡村振兴的意见》，指出土地出让收入中用于农业农村的资金，可重点用于与农业农村直接相关的山水林田湖草生态保护修复。这无疑为农村农业产业与环境协调开发提供了一定的资金保障。

下面以江苏省宜兴市养殖鱼塘生态化提升项目为例进行说明。

【案例 8-3】

江苏省宜兴市养殖鱼塘生态化提升项目

一、建设内容

项目主要建设内容包含拆除补偿、生态修复、清淤工程、改造工程等，建设期×年。

项目占地面积×万亩，通过与村集体签订流转合同实现土地流转，流转费每年×万元，流转期限×年。

二、投融资模式

宜兴市×生态渔业公司（以下简称"项目公司"）作为项目实施主体负责项目建设，形成的固定资产产权归属项目公司。

项目总投资×亿元，其中项目公司自筹资金×亿元，×银行牵头组织银团，提供中长期贷款×亿元。项目贷款期限×年，由项目公司母公司提供保证担保，无其他抵质押物。

从项目还款资金来源看，主要通过生态池塘租赁收入、养殖水产品销售、生态旅游、预制菜加工等实现经营收益现金流。经综合测算，项目未来年产值预计可达×亿元，年均可实现销售收入×亿元，可覆盖本项目贷款本息，实现项目收益和融资自平衡。按照审慎性原则，以未分配利润、折旧摊销的××%作为还款来源计算，预计年经营性现金流×亿元，也能够覆盖贷款本息。

三、运营模式

1. 采用 EOD 模式

项目采用"生态保护与环境治理＋特色产业发展联动"的 EOD 模式，实现项目打捆打包、肥瘦搭配、协同发展。

项目谋划设计时聚焦鳊鱼、四大家鱼、螃蟹等支柱产业，着重考虑以生态保护和环境治理为基础，以特色产业运营为支撑，以区域综合开发为载体，将公益性较强、收益性较差的生态环境治理项目与收益较好的关联产业发展项目有机融合，一体化统筹推进本项目实施，推动宜兴水产品产业链实现从原料、加工、生产到销售等各个环节的深度关联和产业集聚。

2. 专业化运营

由项目公司与社会资本共同出资成立子公司，专门开展运营，共同推进养殖、预制菜加工等业务，进一步延长项目产业链、完善项目收益链。

3. 强化利益联结机制

项目公司流转村集体用地，并与当地养殖经验丰富的农户签订合同，委托农户进行鱼苗饲养。根据下游需求，农户与项目公司提前约定饲养要求，鱼苗长成后统一由项目公司对外销售，企业取得产业增值效益、村集体取得土地流转费收入、农户取得工资收入，助力村集体租金收入翻番、养殖户收入倍增、项目公司整体效益提高，实现多方共赢。

（3）城乡供排水一体化

城市水务基础设施建设经过较长时间的发展，已较为完善。而农村供排水项目通常小而分散、收益较低，特别是农村污水处理率不足10%，存在较大的建设和资金需求。

可考虑供排一体化、城乡一体化项目，以供水支持排水，以城市支持农村，构建大项目包，确保整体实现盈利。例如，福建省三明市、南平市等地正在运用这一思路探索水务全产业链的城乡一体化模式，着力解决农村用水的难题。

（4）重点流域治理

流域内生态产品资源、周边土地资源均有丰富的潜在价值，目前阶段可优先关注砂石的开采和利用。《关于印发〈促进砂石行业健康有序发展的指导意见〉的通知》（发改价格〔2020〕473号）提出"推进河砂开采与河道治理相结合"及"逐步有序推进海砂开采利用"，鼓励以砂石收益补充流域治理的支出。在重点流域治理的项目开发中，可搭配砂石开采收入作为项目融资的还款来源。此外，亦可将砂石开采权、海域使用权等作为融资的补充担保措施。

EOD项目落地的三个要点

EOD项目主要任务是科学确立环境治理内容并合理规划相关联产业，EOD项目要落地，需要注意以下几个要点。

1. 综合开发商应具备的能力

EOD模式下行业跨度大，且不同行业专业要求高，生态环境治理、修复和生态网络构建需要专业的环保企业完成；基础设施配套、产业配套及生活配套的建设需要综合能力较强的建筑企业；后期产业导入、物业管理需要综合能力较强的运营商进入。因而EOD综合开发商应具备从项目策划、产业规划、概念规划、工程施工、地块开发、资产运营、产业招商等一整条产业链的实施能力。

EOD模式见效周期较长，良好的生态基底构建需要一定的时间才能显现出来，生态环境的优良性显现出来后，土地的增值效应才会大大增加；且EOD模式下的产业培育和产业导入也需要一定的周期和时间才能显性化，很难在较短的时间内体现出来。所以一名合格的EOD综合开发商还应具备强大的融资、开发、变现能力，对于长流程的资金链要有充分的管控和操盘能力。

下面以某区生态环境综合治理暨绿色产业融合发展EOD项目为例进行说明。

【案例8-4】

×区生态环境综合治理暨绿色产业融合发展EOD项目

一、项目概况

×区生态环境综合治理暨绿色产业融合发展EOD项目。总投资493000万元。

二、子项目及建设内容

1. 长江经济带嘉陵江支流（螺溪河）综合治理项目（一期）

主要建设内容：实施嘉陵江支流螺溪河流域水环境治理、岸线整治约12公里，对河道淤泥进行清理，拓展局部河道水面，建设人工湿地138公顷、生态岛屿和生态隔离带53公顷、生态岸线78公顷、生态步道16公里，调整建设3处溢流坝，修建游客接待点、生态停车位等，增设智慧旅游系统、智能充电桩、广告位、展销位等。

计划投资：110000万元。

2. 污水处理厂及配套基础设施建设项目

主要建设内容：新建总规模80000吨/天的污水处理厂及配套基础设施，包含配套管网的新建、改建及接入等，占地约129亩。

计划投资：56000万元。

3. 青松林海生态修复项目

主要建设内容：以生态优先、绿色发展为导向，以生态保护实现生态产品价值增值为目标，对青松林海约2000亩范围内进行生态修复、森林景观提升，利用核心区内溪流建设生态湿地，建设林木科普示范区、生态植物园等林业体验区。

计划投资：12000万元。

4. 印象螺溪文旅融合项目

主要建设内容：依托治理后螺溪河优质生态资源和观山面水的环境基底，植入文旅商业业态，打造6个主题水岸，并配套相应文旅基础设施。

（1）都市休闲水岸。长度约1公里，包括艺术文化培训中心、新能源体验集市。

（2）康乐运动水岸。长度约1.6公里，包括康乐码头、智慧运动场、城市智慧公园、丝绸之路欧洲国家馆。

（3）文化休闲水岸。长度约1.4公里，包括光年码头、中央图书馆、摩天轮光桥、中央艺术馆、中央科技馆、丝绸之路西亚国家馆。

（4）中央乐活水岸。长度约1.4公里，包括光影码头、水丝码头、水丝秘境乐园、亲子教育综合体。

（5）科普研创水岸。长度约1.7公里，包括生态创想公园螺溪河植物园、丝绸之路西亚国家馆、健康综合体。

（6）生态漫步水岸。长度约2.4公里，包括果州码头、"有果"文化公园、欢乐水世界。

（7）配套基础设施。包括长度约2.33公里的滨河道路、1座跨河桥和4座人行桥、市政管网、智慧监控及其他配套设施等。

计划投资：155000万元。

5. 现代职教城建设项目（一期）

该子项目计划投资160000万元。

2. EOD模式"三步走"路径

EOD模式的落地主要有以下三步：

第一步：重构生态网络。通过环境治理、生态系统修复、生态网络构建，为城市发展创造良好的生态基底，带动土地升值。

第二步：整体提升城市环境。通过完善公共设施、交通能力、城市布局优化、特色塑造等提升城市整体环境质量，为后续产业运营提供优质条件。

第三步：产业导入及人才引进。通过人口流入及产业发展激活区域经济，从而增加居民收入、企业利润和政府税收，最终实现自我强化的正反馈回报机制。

3. EOD模式融资方式

EOD模式融资方式主要有三种：

（1）政府债券模式

政府债券模式是现阶段最容易实施，且落地性最强的投融资模式。其核心优势在于：一是政府性基金收入可以作为专项债券的还款来源，最大限度地丰富了投资收益；二是成本低、期限长；三是筹集资金成功率高。

政府债券也存在着明显的不足，受本省整体调控影响，发行金额有限。通常情况下，难以满足该地区生态环境项目的总投资要求。

（2）政府投资基金与投资运营公司模式

无论是设立基金的模式还是直接股权出资成立公司的模式，其本质相同，都是针对投资主体的合作形式和项目资本金的充实而言的。实践中，两种模式下都可能出现两种情形，一是社会资本方不参与，所在地政府及本地国有企业自行出资设立基金或者直接组建公司；二是社会资本方参与，共同进行投资。

实践中，如果有社会资本方参与，则投资回报机制必须健全，即要明确满足投资人的投资收益；如果仅有本地政府和本地国有企业参与，则通常做长远考虑，并且可以以超出本项目的综合收益作为投资收益不足的补充。

（3）开发性金融、环保贷模式

开发性金融、环保贷模式需注意三个方面：一是项目具有相应的资本金。二是项目贷款的收益应能够覆盖本息。三是具有担保措施，当贷款主体为本地国有企业，本地国有企业自行担保；当贷款主体为本地国有企业与大型社会资本（通常为央企、上市公司）组建的合资公司，此时社会资本方将可能存在一定的不提供担保的风险；当贷款主体为本地国有企业和一般类型的社会资本，社会资本方的担保能力可能得不到贷款银行的认可。因此，三种类型下，贷款的成功率各有不同，应在实践中谨慎把握。

EOD 项目落地的三个阶段

EOD 项目实施落地主要包括以下几个阶段：

1. 前期准备和立项阶段

（1）EOD 项目包装和谋划

主要任务是科学确立环境治理内容并合理规划相关联产业项目。环境治理内容一般需结合当地国土空间规划和环境规划，通常包括废弃矿山修复、河道水系流域治理、全域土地综合整治、农村人居环境改善和固废治理。

关联产业需要结合当地资源禀赋和产业基础，前提条件必须是实现和环境治理项目的融合发展，其通常包括生态农业、旅游、康养、科创、清洁能源。

（2）申报资料和审批手续的准备

《生态环保金融支持项目储备库入库指南（试行）》对申报所需的材料进行了详细的罗列，一是项目的可研报告（在实际操作中一般将环境治理项目、关联产业项目分开编制）；二是按照生态环境部文件要求内容编制的 EOD 项目入库实施方案；三是确认实施主体，附申报实体和实施主体共同盖章的承诺函；四是其他有关项目申请及立项过程文件。

2. 项目申报阶段

项目申报阶段主要由系统申报和两轮专家论证评估组成。

首先，实施主体需要将上述准备阶段的文件，包括实施方案及可研报告、立项手续、承诺函等报至县级及以上生态环境部门；其次，由其通过系统线上申报至省级生态环境部门进行第一轮的专家论证评估。

省级生态环境部门需要组织专家对该项目出具项目论证评估意见，之后再由省级部门将方案报送生态环境部。生态环境部将组织专家进行第二批项目论证，只有通过这一轮专家论证的项目，才可以被准予进入"生态环保金融支持项目储备库"。

根据《生态环保金融支持项目储备库入库指南（试行）》，入库范围包括：

1）大气污染防治。包括北方地区冬季清洁取暖、挥发性有机物综合治理、工业企业深度治理、工业企业燃煤设施清洁能源替代、重点行业超低排放改造、重点行业清洁生产改造、锅炉综合治理、涉气产业园区和集群大气环境综合整治、高排放机动车淘汰换新、船及非道路移动源排放治理、典型行业恶臭治理、重污染天气应对能力建设等。

2）水生态环境保护。包括黑臭水体治理、污水处理设施与配套管网建设改造、污水处理厂污泥处理处置、污水再生及资源化利用、工矿企业和医疗机构水污染治理、工业园区水污染治理、船舶港口水污染治理、水体内源污染治理、流域水生态保护修复、流域水环境综合治理、河湖生态流量保障、重点湖库富营养化控制、河湖生态缓冲带修复、天然（人工）湿地生态系统保护与建设、水源涵养区保护、饮用水水源地保护、入河排污口整治及规范化建设等。

3）重点海域综合治理。以渤海、长江口-杭州湾、珠江口邻近海域为重点，包括海水养殖环境整治、入海排污口及直排海污染源整治、船舶港口污染防治、亲海岸滩环境整治、海洋生态系统保护修复、美丽海湾示范建设等。

4）土壤污染防治。包括建设用地土壤污染风险管控、建设用地土壤污染修复、农用地工矿污染源整治、工矿企业重金属治理、历史遗留重金属污染区域治理、化学品生产企业及工业集聚区地下水污染风险管控、矿山开采区及尾矿库地下水污染综合治理、危险废物处置场及垃圾填埋场地下水污染防治、依赖地下水的生态系统保护、地下水型饮用水水源地保护、重点污染源防渗改造、废弃井封井回填等。

5）农业农村污染治理。包括农村污水处理和资源化利用、农村垃圾治理、农村黑臭水体整治、废弃农膜回收利用、秸秆综合利用、畜禽与水产养殖污染治理和粪污资源化利用、种植业面源污染治理、农村生态环境综合整治等。

6）固废处理处置及资源综合利用。以"无废城市"建设项目为重点，包括城乡生活垃圾收集与处理处置、餐厨垃圾收集与资源化利用、危险废物及医疗废物收集与处理处置、矿产资源（含尾矿）综合利用、废旧资源再生利用、农业固体废物资源化利用、工业固体废物环境风险管控、工业固体废物无害化处理处置及综合利用、建筑垃圾和道路沥青资源化利用、包装废弃物回收处理等。

7）生态保护修复。重要生态系统保护和修复、山水林田湖草沙冰一体化保护和修复、矿区生态保护修复、采煤沉陷区综合治理、生物多样性保护及荒漠化、石漠化、水土流失综合治理等。

8）其他环境治理。生态环境风险防控、放射性污染防治、噪声与振动污染控制、生态环境监测与信息能力建设等。

在申报条件方面，一是入库项目申报主体应为已建立现代企业制度、经营状况和信用状况良好的市场化企业或县级（含）以上政府及其有关部门等。二是项目融资主体应为市场化企业，且其环保信用评价不是最低等级。三是治理责任主体为企业的生态环境治理项目，单个项目融资需求原则上应超过5000万元；其他项目单个项目融资需求原则上应超过1亿元。四是应明确项目实施模式。PPP项目需满足国家有关管理要求，应适时纳入财政部、国家发展改革委PPP项目库。鼓励推广生态环境整体解决方案、托管服务和第三方治理。EOD项目要参考《关于推荐第二批生态环境导向的开发模式试点项目的通知》（环办科财函〔2021〕468号）基本要求，确保生态环境治理与产业开发项目有效融合、收益反哺、一体化实施。

3. 招标实施阶段

（1）确定实施模式

在项目申报入库成功之后，开始启动招标实施阶段工作。

一是确定项目实施模式。EOD项目的实施一般采用PPP、"流域治理+片区开发"、ABO（授权-建设-运营）等模式。鉴于EOD项目的实施涉及不同行业的不同具体项目内容，在实践中EOD项目落地经常采取混合模式，即其中一个或部分子项目采用PPP模式，其他子项目采用"流域治理+片区开发"、ABO等模式。

（2）编制相关规划

在确认相应的实施模式之后，需根据实际情况编制实施方案。

首先，要在能够实现项目整体收益与平衡的基础上，编制项目的投融资规划及资金平衡方案。其次，需要确认具体的项目落地实施方案，内容包括项目的投融资架构、交易结构、收益来源、回报机制、与社会资本的合作边界、项目土地、资源开发利用、社会资本采购等事项。

（3）对接相关资源

凭借上述准备方案，实施主体可以对接国家开发银行等金融机构，确定项目贷款相关事项。同时开始对接社会资本、招标代理机构等，准备项目招标的事宜。

附 录

乡村振兴基础设施项目建设方案范本

国家乡村振兴示范县建设方案

一、项目名称

甘肃省×国家乡村振兴示范县建设。

二、建设内容

（一）"五化"制种基地示范工程

新建×万亩"五化"制种示范基地，其中在×镇建设×亩"五化"玉米制种核心示范基地和×亩玉米新品种展示田；在×镇、×镇建设×个×亩"五化"制种基地管理设施、灌溉设施头部系统及开展信息化提升建设隆平高科（中信农业）、中种国际（中化农业）等种子加工能力提升示范项目。

（二）国家级玉米种子产业园

新建、改扩建种子加工线、中转库、检验中心，对设备配套、仓库主体工程建设投资按不低于30%、20%、10%的标准予以补助。

（三）新建种子技术服务中心

强化种子质量监督检验中心设备配套，提升检验能力；狠抓种子生产专业合作社及社会化服务组织培育、培训、指导服务力度，打好社会化服务基础。购置高端检验仪器×台（件），开展种子基地种子质量检验工作；配套乡镇监管设备，组织开展基地检查。

（四）高标准农田建设项目续建

2021—2025年，各镇实施土地平整、土壤改良、灌溉排水、田间道路、农田防护与生态环境保护、农田输配电等工程，建设高标准农田×万亩。

（五）冷链物流基地建设项目续建

在丝路寒旱农业示范园建设冷库静态库容×吨，总建筑面积×平方米，主要建设1号冷藏库、2号冷冻库、3号冷藏库、4号冷冻库、月台、配电室等，购置相关制冷设备；工业园区中心粮库建设冷库静态库容×吨，总建筑面积×平方米，主要建设5号冷藏库、6号冷冻库、配电室、分拣车库、信息物流服务中心等。项目建成后总静态库容达到×吨。

（六）乡村振兴农村高质量住房建设项目续建

对全县农村×户房屋进行新建，×户房屋进行改建，×户房屋进行拆除。

（七）农村人居环境整治项目新建

在×镇×村等四个村镇建设日处理污水×吨的污水处理站×座；在×镇建设日处理×吨的污水处理站×座；全县×个行政村新建×立方米化粪×座，敷设DN400HDPE污水管网×公里，DN200HDPE污水管网

×公里。为×个镇配套×吨吸污车各×辆。农村生活垃圾处理设施建设：为×个镇配套×吨垃圾清运车×辆，道路清扫车×辆，×吨垃圾压缩车×辆；为×个行政村配套电动三轮垃圾清运车×辆。

（八）农村污水处理设施建设项目

在已建成的×个高质量住房建设示范点及新建的×个示范点，建设污水处理设施，并配套污水管网。

（九）现代丝路寒旱农业食用菌产业研发培训中心

主要建设实验室、产品展览室、发菌车间、培养室、出菇室、灭菌室、多媒体培训中心及配套办公设施，工厂化食用菌生产车间×栋、×间，重点开展食用菌产业技术的研发、科技成果示范与转化、技术培训、农村科技创业等。

（十）丝路寒旱农业产业园

建设利用农业废弃物和畜禽粪便生产食用菌的产业园×个，主要包括工厂化智能出菇房×栋、×间，一次发酵隧道×条、二三次发酵隧道×条，预冷包装车间×栋、×平方米，覆土车间×平方米，污水回收池×平方米，配套建设堆料场、锅炉房、配电房、办公楼、宿舍楼；建设烘干、包装等食用菌精深加工生产线×条；建设利用食用菌菌渣和农牧业废弃物生产有机肥的加工厂×座（×万吨）；建设寒旱循环农业技术研发推广中心×处；提升改造养殖小区×处；利用菌渣有机肥发展寒旱农业有机蔬菜和有机饲草基地×万亩。

三、资金

（一）资金规模

项目规划共实施×个重点项目，总投资×万元。其中玉米制种产业重点工程×项，投资×万元；基础设施建设工程×项，投资×万元；特色产业发展工程×项，投资×万元；休闲农业和乡村旅游精品工程×项，投资×万元；农产品精深加工工程×项，投资×万元；生态环境保护工程×项，投资×万元；数字化推动乡村发展工程×项，投资×万元。

（二）资金来源

项目规划总投资×万元，分为中央财政资金、省级财政资金、银行贷款、专项债券和自筹资金。其中中央财政资金×万元，占总投资×%；省级财政资金×万元，占总投资×%；银行贷款×万元，占总投资×%；专项债券×万元，占总投资×%；自筹资金×万元，占总投资×%。

（三）效益分析

围绕"产业兴旺、生态宜居、乡风文明、治理有效、生活富裕"的总要求，通过创建方案的实施，将实现以下三方面效益：

1.经济效益

（1）玉米制种方面经济效益

本项目实施对于全社会和当地农民具有显著的经济效益。玉米制种"五化"基地面积达×万亩，年产优质种子×亿公斤以上，加快推进制种产业生产、加工、销售三产融合发展，种植业产值达到×亿元，种子产业全产业产值达到×亿元以上，制种产业成为农民持续增收的主要渠道，示范县创建期间农民人均可支配收入年均增幅×%以上。全县×%的耕地发展种子产业，×%的农户参与玉米制种产业，×%的农民人均收入来自种子产业，玉米制种产业已成为×县规模最大、收益最为明显稳定、联系农户最广、对县域经济支撑作用最为明显的"金色产业"。

（2）乡村基础设施建设项目经济效益

落实乡村振兴为民而兴、乡村建设为民而建的要求，结合乡村建设实际，聚焦改善农村基础设施、高标准农田建设，兼顾当前与长远，重点实施农房改造提升项目，点亮乡村建设项目，农村污水、垃圾处理项目，农村人居环境改善提升、清洁供暖、农村道路、水利、高标准农田、人饮工程等项目。

本项目建设期为2022—2025年，总投资×万元。本项目的建设为农业农村发展奠定坚实基础，可为当地间接带动效益×亿元。

（3）特色产业发展类项目经济效益

聚焦农业产业培育提升，重视农业基础设施建设，本项目延链补链提升、省级现代农业产业园、戈壁农业、现代化育苗、食用菌、社会化服务、畜牧养殖，设施配套建设、公共服务能力提升、农产品质量安全监管能力建设、新型经营主体培育等×个项目。本项目建设期为2022—2025年，总投资×万元。项目建成将大大提升全县现代农业发展水平，带动相关产业经济效益×亿元以上。

（4）休闲农业和乡村旅游类项目经济效益

依托国家5A级景区和世界地质公园金字招牌，完善旅游基础设施，优化旅游业发展环境，巩固提升全省全域旅游示范区创建成果，培育壮大乡村、康养、红色、研学、体育五大旅游业态，不断完善全域全季旅游格局，加强区域旅游合作，全面提升全县旅游的知名度和美誉度，创建为全国全域旅游示范区、全省乡村旅游示范县和世界级旅游景区，力争到2025年创建期末旅游及三产服务业产值达到×亿元。

（5）农产品深加工工程类项目经济效益

加快农产品保鲜、储藏、分级、包装和食品非热加工等初加工设施建设，加粮食烘储、果蔬鲜切（净菜）加工中心等。项目建设期为2022—2025年，项目总投资×万元。项目建成后可产生直接经济效益×亿元。

（6）生态环保类工程经济效益

积极研发推广绿色种养循环模式和集成技术，加强农作物秸秆综合利用和畜禽粪污资源化利用，保持养分循环；实施化肥农药减量增效行动，合理控制化肥、农药使用量；开展秸秆、尾菜、禽畜血骨皮毛等副产物综合加工利用；项目建设期为2023—2025年，项目总投资×万元。项目建成后可间接产生经济效益×万元。

（7）数字推动乡村发展工程经济效益

建设全县数字乡村大数据信息平台，为数字乡村规划、发展、整合、扩展应用系统提供"数智化"平台底座；以数字乡村为抓手，建设业务应用，规范村庄管理治理建设，解决党建、村务管理、村财管理、清单制、积分制、一张表、网格化管理数字化落地，解决目前乡村治理面临的监管乏力、效能不高等实际问题。在信息平台基础上逐步整合县域内资产资源、农田建设、粮食生产、产业园区等农业农村数据资源，通过数字乡村一张图建设，实现农业农村数据与实景地图、空间信息融合，展示乡村建设、乡村治理、乡村发展的全貌，一图总览，落实数字化推动乡村高质量发展要求。该项目总投资×万元，建成后可间接产生经济效益×万元。

2. 社会效益

（1）有利于改善农村公共基础设施

本项目有利于加快编制农村住房建筑风貌图集，助力乡村建设再上新台阶。通过对农民文化活动室、公共卫生厕所、村组道路、供排水、供电、采暖、绿化、文化设施等公共基础设施和村民住房环境进行提升改造，形成一大批"特色鲜明、生态宜居"的美丽新村庄，显著改善全县农村形象面貌，改善农村发展环境，有利于进一步提升全县乡村振兴的发展基础。

（2）有利于提升农村人居环境

本项目有利于助推农村人居环境整治三年行动，持续推进农村厕所、垃圾、风貌三大革命，全力推进农房改造提升五年工程，强化户厕、路灯、污水处理站、人饮工程、环卫设施配套，实现农村垃圾无害化处理全覆盖，切实实现农村人居环境旧貌换新颜，提升农民生活满意度和幸福感。

（3）有利于提高农村公共服务能力和水平

本项目有利于农村教育、医疗卫生、养老服务、社会保障等得到全方位发展，基本实现农村教育均等化、基本医疗卫生服务全覆盖目标，就业、养老服务机制将更健全。实现农村电视和广播站点全覆盖，文化大院、乡村大舞台、村级文化室等基层公共文化服务设施加快普及，乡村文化、民间文化得到有效传承，有利于城乡一体化进程，提升政府形象，增强党和政府向心力。

3. 生态效益

（1）有利于实现资源利用绿色化

本项目实施后，将集约高效利用水、土地、能源资源，合理开发利用可再生资源和能源，有利于推动资源开发及利用的绿色化改造。倡导循环型的农牧业生产方式，有利于建设资源节约型的新农村。通过实施清洁能源等项目，助力"双碳"目标的实现，有利于提升农村人居环境质量，进一步改善农村生态环境，为打造生态宜居美丽村庄奠定坚实基础。

（2）有利于实现环境修复绿色化

本项目实施后，有利于建立以绿色生态为导向的农业绿色发展体系，基本形成与资源环境承载力相匹配、与生产生活生态相协调的农业发展格局。本项目建设后，将实现耕地数量不减少、耕地质量不降低、地下水不超采、化肥、农药使用量零增长、秸秆、畜禽粪污、农膜全利用的绿色发展目标，有利于形成农业可持续发展、农民生活更加富裕、农村更加美丽宜居的绿色可持续发展模式。

（3）有利于实现生态保育绿色化

本项目实施后，"青山绿水就是金山银山"的绿色发展理念将更加深入人心，形成严守"环境质量底线、资源利用上限、生态功能基线"的执政基础。乡村建设项目的实施，将极大改善农村生态环境和人居环境，形成以绿治脏、以绿治乱、以绿美境、以绿兴产的生态保育新模式。乡村将呈现出一幅河道清澈、田园碧绿、村庄整洁、产业兴旺、农民乐业的赏心悦目景象。

四、支持政策

（一）财政政策

2022年3月，县委、县政府印发《关于做好2022年全面推进乡村振兴重点工作的意见》，出台扶持政策，支持现代农业发展。

在持续提升粮食保障能力方面，对种植小麦、实行玉米大豆带状复合种植的经营主体和农户，每亩给予补助×元（含种款补贴）。

1. 大力发展优势特色产业

（1）做强玉米制种产业

加快实施中国农业发展银行×亿元国家级杂交玉米种子生产基地和种子产业园改造提升项目、亚洲开发银行贷款项目，全力打造现代种子产业功能区，建设高标准玉米制种基地×万亩。对新建的种子生产加工企业（种子加工项目），按照协议约定完成年度固定资产投资的，给予当年完成固定资产投资额（不含土地购置税费）×%、最高不超过×万元的一次性奖励；对玉米制种企业新培育并通过国家级、省级审定的新品种，分别给予一次性奖励；对获得国家新品种保护权、品种登记并取得证书、专利证书的企业，每个品种给予一次性奖励（品种审定和品种保护、登记不重复享受）。

（2）做大草畜产业

对新建存栏规模×头以上的标准化和牛、肉牛养殖场，给予基础设施建设补助×万元；对新增能繁母牛×头以上的养殖场（户），每头给予补助×元，免费提供优质冻精×支；对新建存栏规模×头以上、×头以上的生猪育肥场或×头以上、×头以上的母猪繁育场，分别给予基础设施建设补助×万元、×万元；对新建存栏×匹以上的马场，给予基础设施补助×万元；每个镇特聘动物防疫专员×名，每人每年给予补助×万元。

（3）做精蔬菜产业

对利用贷款项目资金新建的智能温室、连体钢架拱棚等农业设施用于蔬菜生产的，每座给予以奖代补资金×万元，最高不超过×万元。

（4）做优林果产业

对在规划区内新发展规模化葡萄、红枣基地×亩以上的示范点，给予供水、供电、滴灌等基础设施补助×万元；对在非耕地新建连片面积×亩以上临泽小枣标准化示范园的，分×年每亩给予补助×元；对在非耕地营造防护林并发展红枣、葡萄、枸杞、梨等特色林果基地和林下种植的经营主体，给予林业贴息贷款扶持。

（5）做靓现代丝路寒旱农业

对在丝路寒旱农业规划区内新建高标准日光温室及×平方米以上的连体钢架拱棚，面积达到×亩以上的示范点，每亩给予以奖代补资金×万元；对新建×平方米以上的工厂化生产车间、×平方米以上的钢架大棚进行食用菌立体栽培且带动农民入股投资达到×万元的，每座分别给予补助×万元、×万元；对利用林地、灌木植被地等闲置资源发展食用菌生产×亩以上的，每亩给予补助×元；对当年生产食用菌×吨以上的企业，一次性给予以奖代补资金×万元；对建成菌渣机质厂进行菌渣利用、年处理菌渣×立方米以上的企业，一次性给予以奖代补资金×万元。

2. 提高农业机械装备水平

持续巩固主要农作物全程机械化示范县成果，认真落实农机购置补贴政策，补贴各类农机具×台（件），争取实施×万亩农机深松整地作业补贴政策，对新购置的制种玉米去雄机在享受农机购置补贴的基础上，每台给予补贴×万元；对未列入农机购置补贴范围内的农机具，参照农机购置补贴标准给予补贴；对使用去雄机、联合收获机作业×亩以上的农机合作社、制种企业，每亩分别给予作业补贴×元、×元。鼓励农机合作社围绕各类全程机械化技术示范点开展社会化服务，培育生产托管、技术服务等新型服务组织，建成"全程机械化＋综合农事服务"一站式服务中心×个，对达到建设标准的服务中心给予补助×万元，同时优先享受其他融资优惠服务。全县主要农作物综合机械化率达×%以上。

3. 实施农业品牌创建行动

以两个"三品一标"为抓手，鼓励引导农业经营主体积极开展无公害农产品、绿色食品、有机食品和农产品地理标志创建认证，扩大绿色优质农产品生产规模。对新取得"甘味"农产品品牌的企业，给予一次性奖励×万元；对新建立农产品质量安全追溯体系的企业、专业合作社，给予补助×万元。

4. 培育新型农业经营主体

对新认定的国家、省、市级农业产业化龙头企业或产业联合体，分别给予一次性奖励×万元、×万元、×万元；对评选为国家、省、市级示范性专业合作社的分别给予一次性奖励×万元、×万元、×万元；对评选为省、市级示范性家庭农场的，分别给予一次性奖励×万元、×万元。加快农产品产地冷藏保鲜设施整县推进试点县建设，鼓励支持龙头企业、合作社、家庭农场建设农产品冷链物流设施，新建冷藏保鲜库×万吨，对新建冷藏保鲜库×吨以上的县级以上示范社、家庭农场，按照冷链设施建设项目相关标准给予资金补助。加大农特产品展销力度，对通过设立体验馆、直营店销售本地农特产品的商贸流通经销企业，给予销售额×%的补助，最高不超过×万元。鼓励发展农产品精深加工，对新建收购加工脱水、速冻或冻干蔬菜的企业，产量达到×

吨以上的，给予补助x万元。深化供销合作社综合改革，选择产业化程度高、生产经营业务良好、有资金互助需求的基层供销合作社，与x公司合作新建生产、供销、信用"三位一体"综合合作基层供销社x个以上，为农民和各类涉农主体提供综合服务，对达到创建标准的每个给予补助x万元。

5. 深化农村重点领域改革

对集中连片流转耕地面积达到x亩以上、流转期x年且在县农村产权交易中心备案的行政村，每亩给予补助x元。

（二）金融政策

按照《x市小微企业创业创新若干扶持办法》和《x市小微企业"两创"示范基地建设扶持办法》，对符合条件的食用菌、蔬菜、林果生产小微企业予以扶持。健全农业信贷担保体系，将担保贷款的重点向戈壁农业倾斜。积极推动相关惠农补助政策优先用于经营主体融资担保费用补贴。县财政每年安排x万元贷款贴息额度，按银行基准利率x%标准，选择食用菌加工销售、菌种扩繁、废弃物利用等环节的骨干企业，以及绿色有机农产品生产、加工、销售等环节的骨干企业给予贷款贴息扶持，连续扶持x年，农发办对贷款x万元以上发展戈壁农业经营主体或个人积极向上争取贷款贴息项目，按银行基准利率给予全额补助。对戈壁农业设施进行确权颁证，鼓励金融机构开展设施产权抵押贷款业务，放宽贷款条件，简化贷款手续，延长贷款期限，为企业、合作社等经营主体提供便捷的金融服务。设立政府和社会资本合作（PPP）项目财政引导资金，大力支持发展戈壁农业PPP建设项目。鼓励企业上主板、在新三板挂牌以及面向股权交易市场直接融资。

（三）用地政策

构建政府引导、企业运作、多元化投入的市场化建设和服务机制。县政府结合当地预算投资情况，积极协调整合农业综合开发、高效节水等多项投资，集中力量采取土地平整、渠路林网建设、推广节水设施、配套农业机械等措施进行高标准制种田改造，支持科研育种创新、种子生产加工等条件能力建设，加快推进"标准化、规模化、集约化、机械化、信息化"国家级玉米种子生产基地建设。

发挥政府投入资金的带动作用，引导信誉好、实力强的种子企业通过流转土地、签订长期制种协议、投入配套资金的方式参与建设，形成长期稳定种子生产基地。鼓励各类基金及风险资本以适当方式进行投资，提高对基地企业发展的投资支持规模和水平；吸引金融机构关注种业自主创新，在各环节发挥支持服务作用。

（四）科技政策

加强产学研相结合的现代农业产业技术体系建设和专家团队建设，加快新品种、新技术、新产品、新模式的研发和应用，在戈壁农业的关键技术、关键环节上求突破；建立多元化的科技投入机制，加快基层科技创新人才队伍建设；着力提升广大农民和各类经营主体的科技意识和应用转化能力，增强农业科技对现代农业的支撑能力。

发挥农业技术推广体系的作用，通过建点示范、培训提高、推广良种良法等各类实用技术，全面推广应用设施轻简化建造、生态栽培、农机农艺融合、"两减一控"、水肥一体化、光电能源温室利用及物联网远程管控等现代农业高效生产技术，最大限度地减轻劳动强度，降低生产成本，提高产品质量安全水平。支持相关科研单位，开展技术攻关，解决产品加工、贮藏等环节的技术难题，开展技术示范、咨询和培训，促进新技术、新工艺的推广应用，挖掘持续发展的潜力。

（五）人才政策

积极支持各类人才来×县创业发展，按照《×县引进高层次急需人才办法》，对引进的各类人才，按照规定给予相应等级的安家补助费和科研启动经费，优先评聘县内有效专业技术职称，并全力落实配偶就业、子女入学、健康体检等保障政策。扎实开展高校毕业生就业创业专项行动，加大高校毕业生就业岗位供给和政策扶持力度，支持各类人才通过公务员考录、事业单位招聘、"三支一扶"、到企业服务等途径来×县工作，到非公企业就业的高校毕业生可享受基层就业项目补贴，对自主创业高校毕业生可享受创业担保贷款、创业培训、创业场地、典型奖励等政策支持。

实施六大产业"一产业一人才支持计划"，通过计划柔性引进的各类专家人才，参照《×县引进高层次急需人才办法》进行奖补，成绩突出的纳入×县专家人才库，享受全职引进人才相关待遇。鼓励县内企事业单位与高校、科研院所开展"产学研"合作，签订校地、校企合作协议，合作共建院士工作站、专家工作室、产学研示范基地等平台，支持科技人才在科技成果转化后按劳取酬，并依法享有职务科技成果所有权、长期使用权和转化收益权。

五、保障措施

（一）完善组织领导

成立以县委、县政府主要领导为组长，县委常委等主要人员为副组长，农业农村、发展改革、财政、审计、自然资源、科技、电力、水务、交通等部门单位和各镇政府主要负责人为成员的乡村振兴领导小组，将各项工作落细落实。在县农业农村局成立实施领导小组办公室，具体负责项目实施，健全完善督查制度和工作通报制度，确保各项措施落到实处。

（二）创新体制机制

示范县采用"政府引导、龙头带动，基地支撑、科技服务、市场运作"的运行模式，重点从市场经营机制，技术依托机制、金融服务机制、利益分配机制和社会保险机制等方面进行规范和完善，建立一个有创新特点的开放式运行机制。示范县建设采取企业独立经营、政企分开的开发管理体制，推行公共管理模式，实行"一个窗口对外、一点式审批、一条龙服务"的合理高效运行机制。

（三）加强考核激励

×县不断健全完善目标考核、实绩考评、业绩评价、正向激励机制，积极构建科学精准的考核方式和评价体系，着力引导激励干部新时代新担当新作为。

1.强化科学引领，完善目标考核体系

突出考核的"指挥棒"作用，进一步改进优化考核目标责任体系，乡镇着重围绕党的建设和民主政治建设、乡村振兴两个板块，从×个方面设置×项指标实行双百分考核，并根据各镇资源禀赋、发展状况、区位环境和产业特色差异，对各项指标赋分各有侧重，实行差异化考核；县直部门单位根据工作职能和业务特点进行分类考核，突出全县重点经济、社会发展指标的完成情况，设定共性指标和个性指标，引领各镇、各部门单位紧盯目标、围绕中心、聚焦发力，着力推动年度各项工作任务落地见效。

2. 强化平时考核，完善实绩考评体系

进一步健全完善年度考核、平时考核相结合的工作实绩考评体系，加大平时考核力度，建立"五重"工作季度督查考核、专项工作随机调研考核、重大事项定期考核制度机制，每季度对各班子工作实绩进行评分通报，形成平时考核台账，切实把督查工作、考核班子、了解干部的功夫下在平时，动态掌握干部关键时刻表现和平时一贯表现。赋予平时考核在年度综合考核中 x% 的权重分值，通过平时考核与年度考核相互补充印证，有效确保对各级领导班子和领导干部的实绩评价更加客观、全面、精准。

3. 强化民意调查，完善评价测评体系

在评价机制上坚持群众公认导向，将群众评价引入更多考核环节，各单位年度考核均邀请关联度较强的"两代表一委员"参加民主测评和个别谈话；同时邀请下属单位干部职工、服务对象代表进行民意调查，多层面了解班子运行及干部德行表现。坚持把县级领导评价、上级主管部门业务评价、工作业绩成效互评、作风建设专项测评"四项评价"纳入领导班子及领导干部评价体系，将评价结果量化计入综合考核，通过构建实绩与民意并重、领导与群众同评的多维评价体系，着力激励干部创新实干、担当作为。

4. 强化结果运用，完善正向激励体系

注重增强考核的正向激励，对工作业绩考核获奖的镇及重点工作推进先进单位和先进个人、十佳农民专业合作社、优秀村干部等进行表彰奖励，对单项指标考核在全市排前 2 名的部门进行专项奖励，着力调动激发干部干事创业热情。强化考核结果运用，作为机构改革班子调整优化的重要参考，推动干部能上能下，×名实绩优秀的干部平级转任重要岗位或交流任职、×名干部改任非领导职务，树立了凭实绩用干部的鲜明导向。

（四）大力宣传推广

一是发挥宣传队伍作用。工作在农村的驻村干部既是乡村振兴政策的执行者，也是乡村振兴政策的宣传者。在开展宣传过程中，驻村干部应先系统学习乡村振兴战略的主要内容，积极领会×县关于乡村振兴方面的利好政策，确保在宣传乡村振兴政策过程中不出偏差，使乡村振兴政策真正精准到达农村群众。

二是准确识别宣传对象。公共政策制定的初衷是为了解决问题，乡村振兴政策的出台就是集中资源，瞄准农村受众，促进农村发展的政策安排。

三是着力掌握宣传时机。乡村振兴政策的宣传不仅要融入日常，还要融入重点时间节点，通过宣传重点时机的选择，实现政策传播效果的最大化。

四是丰富宣传方式方法。在宣传媒介的选择上，一方面应利用好广播、电视、报纸等传统媒体，另一方面还应充分使用好门户网站、微信、微博、网络短视频等新媒体，通过这些渠道，使乡村振兴故事直达农村群众内心深处。

贯彻落实某县关于建设数字乡村的相关政策，坚持乡村振兴政策宣传的"媒体+"策略，通过"媒体+旅游""媒体+就业""媒体+电商"等方式，盘活农村发展资源，促使农村产生更多乡村振兴好故事。在农村宣传好、阐释好、贯彻好党的乡村振兴政策，对做好乡村振兴工作具有重要意义。

传播乡村振兴政策的关键在于打破传统农村封闭的信息环境，让农民在认识乡村振兴政策中，坚定建设美丽、富裕乡村的信心，这不仅能够夯实乡村振兴战略实施的群众基础，对实现乡村振兴战略目标也将起到积极的促进作用。

农业产业强镇建设实施方案

一、基本概况

×镇位于×市东部，总面积×平方公里，下辖×个村，下设×个村民小组，农村居民人均可支配收入×元。镇域基本情况如下：

（一）自然环境优越

×镇属于丘陵区的低缓丘陵，气候属中亚热带季风湿润气候区，阳光充足，气候温和，光热、水资源丰富，寒、暑、干、湿与四季分明，土地肥沃，可种植多种作物、优质蔬菜和花卉苗木。

（二）区位优势明显

×镇距市区×公里，是×市东部交通的中心枢纽，在×市东区政治、经济、文化建设中占有重要的战略地位。多条高速公路、铁路穿境而过，地理位置十分优越。便利的交通和良好的区位优势有利于农业引进资金、技术和优良品种，有利于农产品打入高端市场，为×镇发展特色农业提供了广阔的市场。

近年来，×镇充分利用×市"全域旅游"和"十大精品旅游路线"的发展契机，提出"一轴、一中心、两组团"的发展格局。优越的区位条件吸引着人才、资金、技术等涌入×镇，推动全镇农业一二三产业融合发展。

（三）基础设施健全

×镇城乡基础设施和公共服务功能完备，水、电、路、通信等基础设施和金融、医疗卫生、学校等公共服务齐全。目前，×镇已建成村级公路×公里，公路通村率×%，交通便捷，村容村貌整洁。×镇共设×所中学、×所小学、×所幼儿园，率先在全省设立乡村青少年文化宫和残疾人服务中心。域内人畜安全饮水覆盖率×%，污水和垃圾集中处理率×%，是生产生态生活共融、宜居宜业宜游的理想之地。

（四）农业产业基础良好

×镇是一个农业生产大镇，通过建设"一乡一业""一村一品"，已开发建设×个"美丽乡村高产油菜核心示范园"和"蔬果公园"，总面积达×亩，占全镇蔬菜种植面积的×%以上，种植的蔬菜和水果品种超过×个，农业规模效应、集聚效应日益凸显。蔬菜作为全镇农业的支柱产业，已形成规模化、区域化、标准化、园区化发展格局。

（五）旅游资源丰富

×镇风景优美、人杰地灵，有文化古迹×处。深厚的历史文化积淀为旅游开发提供了广阔的前景。目前，×镇已开发的自然旅游景点年接待能力可达×万人次以上。众多的人文历史和景观农业基地为×镇一二三产业融合发展提供了资源保障。以休闲观光农业为主题开发的特色蔬果公园，充分结合乡村振兴战略，带动了乡村旅游发展，形成了以农业休闲、山水观光、文化旅游、健康养生、体育运动、科普教育、农家餐饮、农耕文化为特色的近郊旅游度假形态。

二、乡村产业发展条件

（一）政策保障有力

×市全面贯彻实施乡村振兴战略，成立×市乡村振兴战略领导小组。围绕打造"全国乡村振兴战略引领区、城乡融合发展排头兵、农村综合改革示范县"的目标，明确了十项重点工程，明确时间进度、责任分解到人。

作为一个特色农业镇，党委班子高度重视农业生产发展，坚持把解决好"三农"问题作为党委、政府工作重中之重，把乡村振兴工作作为"一把手"工程。专门成立乡村振兴战略示范镇领导小组。出台了《关于促进农村一二三产业融合发展的意见》，提出注重产业支撑、增强"造血"功能，从建设用地、人才引进、资金申报、惠农贷款等方面给予政策性倾斜，推动农业与二三产业融合发展，大力推行"龙头企业+合作社+基地+农户"的发展模式。

（二）产业基础牢固

近年来，×镇通过深度调整农业产业结构，加快推进农业转型升级，构建绿色生态农业品牌，全镇农业特色彰显，经济地位日趋提升，基本形成了以水果蔬菜为主导、花卉苗木和黑山羊协调发展的产业格局。全镇拥有农业企业数量×家，其中农产品加工企业×家，主导生产脱水蔬菜、预制菜、蒸菜、果汁饮料等产品；休闲农业企业×家，主要以观光农业、农耕文化、科普教育、休闲娱乐为主。良好的农业生产基础，为全镇现代农业进一步发展和农村一二三产业融合奠定了良好的基础条件。全镇拥有农民合作社×家，家庭农场×家，种植大户×个，水果、蔬菜等主要农业作物种植面积达×亩。

（三）产业融合带动

×镇围绕蔬菜、水果两大主导产业，重点培育农产品精深加工企业，结合人文历史景观，创新开发多元化、多业态、多模式农业经营模式，建立集果蔬生产、加工、营销、旅游等于一体的现代农业产业体系，以及"公司+合作社+农场+基地+农户"的生产经营体系，拓宽农民增收渠道，推动一二三产业融合发展。

目前，全镇已培育省级农业产业化龙头企业×家，市级农业产业化龙头企业×家，省级农民合作社示范社×家，市级示范社×家。龙头企业示范带动作用良好，本地农产品原料就地采购率达×%以上。

（四）规划布局合理

×市致力于打造现代农业产业体系和优势特色产业集群。《×市一二三产业融合发展规划》提出：全力打造"百里果蔬产业带"，建立和发展集生产、加工、销售、休闲为一体的完整产业链，形成稳定的产业、生产和经营体系，创建农村产业融合发展先导区，示范带动全市农业与二三产业交叉融合，促进农业提质增效、农民就业增收和农村繁荣稳定。

×镇在《×市城乡一体化及村庄布局规划》农业产业布局中，属于"一园四带五基地"的蔬菜栽培产业带和水果栽培产业带，紧邻现代高科技农业园；在旅游服务业布局中，×镇自然风光景区是市域×个旅游区的重要组成部分。×镇产业布局结构为"一心两带五园多基地"。

（五）建立农民利益联结机制

全镇建立入股分红、订单农业等农民利益联结机制，农产品就地加工、销售，大幅降低了农业生产市场风险，提升了农产品的附加值，当地农民人均可支配收入水平达到×元，高于某市平均水平×%以上。

1. 入股分红机制

围绕农业农村经济，镇政府引导农民合作社、家庭农场与小农户建立紧密的利益联结机制。支持企业以资金、技术入股，农户以土地经营权、资金、生产资料、住房、劳动力折价入股，所得收益按入股比例分红（农户不低于收益的×%，贫困户不低于收益的×%），从而形成"风险共担、利益共享、功能互补"的利益共同体，实现合作社、家庭农场、企业与农户捆绑发展、共同受益。

2. 订单生产机制

×镇引导龙头企业在平等互利基础上，大力开展"公司＋合作社＋基地＋农户"的模式，与农户、合作社、家庭农场等签订农产品购销合同，合理确定收购底价和产品质量，形成定向供销关系。

3. 盘活资产、统一流转、集中布局

×镇集中整合全镇下辖村集体土地×亩，成立×个土地股份合作社，采取盘活资产、统一流转、集中布局、规范管理，全面推进家庭适度规模经营模式。鼓励有一定经济实力、懂种植技术和有种植意愿的农户以家庭为单位，每户承包一定规模土地，大力发展果蔬种植和畜禽养殖业，既稳定了农户收益，又壮大了村集体经济。

（六）技术支撑

×镇注重产学研技术合作，帮助企业对接各大科研院校和专家教授。依托本土农业专家服务团队，实现蔬菜、果树、粮油、园艺、休闲农业、乡村旅游、养殖、林业、水利、工程建设等技术全覆盖。

（七）特色优势突出

一是加大农业基础设施投入，完善各项硬件设施，引进先进智能灌溉控制设备和水渗干养悬盘式培植技术生产线，大力推广以温室大棚、测土施肥、绿色防控为核心的生态栽培技术，减少农药、化肥等化学投入品的使用，节省了生产成本，提升了农产品质量；二是加工节能降耗、可循环利用资源建设，实现了绿色循环和清洁生产；三是产业融合，完善农旅设施，开发建设以蔬菜产业为主的城郊型观光、体验、采摘、休闲农业基地。

（八）品牌优势显著

×镇大力实施农业品牌战略，重点围绕高产量、高附加值、高科技含量的"三高"农产品，开拓高端农产品消费市场。同时，加强农产品质量监督，成功创建×市农产品质量安全示范镇。目前，全镇通过国家农产品地理标志认证×个，绿色食品认证×个，注册品牌商标×个。

（九）市场优势突出

×镇是所在省省会城市万亩蔬菜核心区，所生产的优质蔬菜产品已成功入驻省会各蔬菜批发市场以及各大型超市。同时，借助×市人民政府、商务局惠民"菜篮子"工程建设，×镇蔬菜市场优势突出。

三、思路目标

（一）实施思路

全面贯彻党的十九大精神，以习近平新时代中国特色社会主义思想为指引，以实施乡村振兴战略为总抓手，以农业供给侧结构改革为主线，聚焦果蔬特色农业，加强产学研合作，大力发展农产品精深加工业，扩大农耕文化、研学旅行、科普教育功能，构建以设施农业、绿色农业、休闲农业和智慧农业为核心的现代农业产业体系。

（二）任务目标

1. 总体目标

根据国家农业产业强镇的总体安排和要求，按照×市"十三五"规划以及×镇农业产业布局，加快建设原料标准化生产基地、集约加工转化、网络服务体系、紧密利益联结的农业产业集群，培育生产体系、产业体系、经营体系、生态体系、服务体系、运行体系等六大支撑体系，推进实施乡村振兴和精准扶贫。

到2020年，全镇农业结构布局合理、政策制度体系健全、主导产业特色明显、现代要素全面激活、生产方式绿色高效、农业品牌提质升级、龙头企业带动功能增强、经济社会效益显著，初步建成标志性田园综合体和智慧农业小镇。各项经济指标达到创建标准，城乡居民人均可支配收入等各项指标增长达×%以上。建成×个现代高科技农业示范基地、×个研学旅行和科普教育示范基地，主导产业形成种植、加工、营销、物流、休闲旅游一体化。农业生产经营方式有效转变，农民创新创业氛围活跃，农业质量品牌明显提升，联农带农机制逐步完善。引进培养创业人才×名，培育扶持新型农业经营主体×家，建立水果、蔬菜产业化联合体×个以上，新增绿色无公害农产品认证×个，创建区域公共品牌×个，乡村振兴取得重大突破，一二三产业顺利推进，农业效益和农民收入大幅增加。

2. 具体目标

（1）主导产业融合发展水平明显提升

以×镇"万亩蔬菜核心示范区"和"千亩金桔核心示范片"为龙头，

建立×个现代高科技农业示范基地，覆盖全镇区域及两型产业园，集生产、加工、服务、物流、旅游、科普教育等多种功能于一体，逐渐形成产镇融合、功能多样、业态丰富、产业链完整、利益链紧密的全新格局。种植业与加工业、旅游业、服务业有机衔接，一二三产业结构日趋融合，农产品区域公用品牌知名度显著提升，产品竞争力明显提高。

（2）新型农业经营主体带动功能有效发挥

×镇围绕果蔬产业链建设，引进培育×名精通农业、素质较高、影响较大、经验丰富的社会人士创办新型农业经营主体，发展×家技术先进、管理规范、联农带农能力强的家庭农场和农业大户，培育壮大×家管理规范、带动力强、服务优质的农民示范合作社，扶持打造×家创新性强、行业领先、联农紧密的骨干龙头企业，引进培育×家机械耕种、绿色防治、废物收集等专业服务组织。

（3）产业经济发展增收贡献率显著提高

立足主导产业，重点培育乡土经济，打造"一乡一业""一村一品"。采用"企业+基地+新型农业经营主体+品牌+市场"新模式，建立水果、蔬菜产业化联合体×个。大力发展"互联网+农业"，构建"冷链物流+产地服务+大数据平台"的全生态产业链条。创新农民土地入股、集体收益分红、产业精准扶贫、就业用工劳务等利益联结机制，推动适度规模经营，助力脱贫攻坚，使农民增收渠道进一步拓宽，新兴业态收入进一步增加，农业产业经济增速加快，推动经济总收入年均增长达到×%。

（4）农业产业实现绿色可持续发展

建立稳定的产业、生产和经营体系，全面推行"一控两减三基本"，积极推广果蔬标准化、智能化、现代化生产，完善农产品质量可追溯、安全检测等制度，实现品牌化、规范化管理，农产品质量监测合格率达×%。与×市农产品品牌运营中心管理平台紧密合作，利用农情掌握、平台展示、在线交易和品牌推广等信息功能，强化农业生产过程记录。全面普及绿色、无公害种植技术，新增绿色无公害农产品认证×个，提升附加值，扩大影响力。农药、化肥实现零增长，农业生产实现无害化处理，全镇农业生产与资源生态保护协同发展。

（5）全域乡村旅游综合性功能逐步放大

集中全镇自然资源和产业资源，全面激活生产要素，推进乡村旅游发展。建立研学旅行示范基地×个和科普教育示范基地×个，实现一三产业融合发展，辐射带动农家餐饮、住宿、交通、果蔬、商贸等经济建设，逐步形成覆盖全镇×%以上面积的休闲农业与乡村旅游产业，增强乡村产业发展的内生动力，全力打造新的农业经济增长极。

四、规划布局

以"科技为支撑、种植为基础、加工为龙头、流通为引领、旅游为推动、联合为发展"的总体发展思路，全面贯彻落实农业产业强镇建设工作。按照×市"十三五"规划以及×镇优势特色产业布局发展情况，确立优质蔬菜、水果作为农业产业强镇特色产业，集中优势资源，全力打造"一条轴线、一个中心、四个区域"的空间布局。建设以×公路沿线为发展轴，以农产品综合服务中心为功能区，以×村、×村为核心的优质果蔬智能栽培区、以×村为主导的果蔬初深加工区、以×村为重点的农村电子商务区，以×村自然生态风光带为中心的文化、旅游、教育示范区，推动产业融合发展。创新智慧农业生态模式，延伸产业链、提升价值链、重组供应链、完善利益链，围绕农业供给侧结构性改革，培育多种新型主体，开发农业综合功能，推动要素集聚优化，加快信息基础设施，健全信息服务体系，促进产业相互渗透和交叉重组，有力推进城乡一体化和乡村振兴战略实施，形成可复制、可推广的智慧农业强镇模式。

五、建设内容

（一）建设主体

×镇蔬菜产业以×村、×村为主体，重点以×专业合作社、×生态农业开发有限公司、×蔬菜专业合作社等企业实施；水果产业以×村、×村为主体，重点以×专业合作社、×种植专业合作社等企业实施；配套加工产业以×村、×村为主体，重点以×食品有限公司、×食品厂等企业实施；配套旅游及电商产业以×村、×村为主导，重点以×农业科技有限公司等企业实施。

（二）主要内容

围绕×镇蔬菜、水果特色产业核心示范区，重点发展"一个中心、两个园区、三大基地"，建设农产品综合服务中心、绿色蔬果公园、七彩农业乐园、绿色蔬菜标准化基地、优质水果标准化基地、果蔬产品深加工基地，打造近郊城乡发展经济圈，推进农村一二三产业融合发展。

一个中心：农产品综合服务中心。以×镇、×村为基础，建立农产品展示、交易、物流、社会化服务平台和电子商务平台，完善仓储、冷链、物流设施设备，构建"冷链物流＋产地服务＋大数据平台"的全生态产业链条，实现基地蔬菜产品线上线下结合销售，延伸农产品市场领域，进一步健全产品市场流通体系。

两个园区：一是绿色蔬果公园。以×村标准化蔬菜区为基础，突出生态农业、高效农业、智能农业板块，配套完善水电、道路、大棚、采摘、教育、体验等基础设施。建设农耕文化、体验活动、农业知识、生产加工等研学旅行和科普教育基地×个，形成蔬果四季采摘路线×条。二是七彩农业乐园。以×村自然生态风光带为主线，突出休闲农业板块与乡村旅游功能板块。

三大基地：一是绿色蔬菜标准化基地。建设×个×亩连片标准化优质蔬菜基地，×个"一社一品"栽培示范基地。二是优质水果标准化基地。建设×个×亩连片标准化优质水果基地，引进和推广名优特新品种×个。三是果蔬产品深加工基地。新建节能环保果蔬预制车间×平方米，购置安装果蔬自动化、智能化加工设备设施×台（套），改建果蔬精深加工生产线×条。

（三）加强项目建设管理

一是加强项目进度管理。制定项目建设时间表，确定建设项目的开工、完工时间和质量要求，通过倒排工期，加强项目建设工期的调度管理。定期召开联席会、工作进度会、现场推进会，及时协调解决遇到的矛盾和问题，确保项目实施和创建工作有条不紊开展，按时间要求完成项目建设任务。

二是加强项目质量管理。严格按照项目实施方案确定的建设内容和要求组织实施，不擅自变更项目建设地点、建设规模、标准和主要建设内容。优化施工组织方案，加强施工组织管理和工程质量监督管理，项目领导小组选派监理人员跟踪监督管理，落实项目法人质量责任终身制，明确建设、监督、设计、施工各方面责任。

六、资金测算、使用和管理

（一）项目总投资

本项目预计总投资×万元，其中财政补助×万元，引导农户和新型农业经营主体等社会资金×万元。

（二）资金使用方向

按照"政府引导、市场主导"的原则，鼓励社会资本投入×万元，申请示范强镇财政资金×万元，培育扶持新型农业经营主体，重点支持以下建设内容：一是果蔬新品种引进及改良，标准化基地建设及提质改造，完善智能温室大棚、双层大棚、保温系统、降温系统、育苗设施以及水、电、道路、沟渠设施，"三品一标"认证，技术培训，标准制定，试验研究等。二是农产品精深加工企业的原料采购、品牌创建、自动化生产线改造及设备购置等内容。三是蔬果公园、乡村休闲旅游设施建设，农村电商平台及仓储、冷链物流设施建设，以及农民丰收节活动开展，切实推动农业增效、农民增收、农村发展。

（三）资金监督

1. 加强资金监督管理

本项目资金严格按照计划和工程进度使用，实行专款专用，不得以任何理由挤占和挪用。将各级财政扶持农业产业强镇发展资金列入年度财政监督检查重点，开展项目资金自查自纠和监督审计，通过自查自纠和审计，及时发现问题、分析问题并处理问题，认真总结资金使用管理情况，确保资金安全有效。

2. 加强绩效考核工作

制定与农业产业强镇工作相适应的绩效考核机制，加大考核力度。制定《x镇农业产业强镇创建项目考核办法》。对提前完成目标任务的企业、合作社等实施主体和项目重点村给予通报表彰和奖励；对任务完成情况不理想的企业、合作社等实施主体给予通报批评，督促其限期整改完成；对与任务目标差距较大的企业、合作社等实施主体，取消财政资金支持。

七、效益分析

（一）经济效益

通过农业产业强镇创建，新品种、新技术、新设备、新方法得到大力推广，建立稳定的现代农业经营管理体系，设施果蔬产业链进一步延伸，辐射带动全市一二三产业交叉融合快速发展。

一是农产品附加值不断增加，农民享受产业发展带来的红利，生产和生活水平不断提高。

二是各级财政及社会资金不断注入，x镇农产品加工业产值年增长率达x%。

三是以设施果蔬产业为核心，带动粮油、花木、畜禽等农产品加工能力和科技含量快速提升，品牌等无形资产进一步提高。

四是带动区域乡村旅游发展，逐步形成覆盖全镇x%以上面积的休闲农业与乡村旅游产业。

（二）社会效益

1. 壮大主导产业

通过农业产业强镇创建，积极发展多种形式适度规模经营，大力培育农民合作社及龙头企业等新型农业经营主体。至本项目建设期末，扶持壮大新型农业经营主体x家，进一步建立农民利益联结机制。

2.挖掘农村经济新增长点

把发展绿色、安全、高效的现代农业作为主攻方向，同时提升农业的生态休闲、旅游观光、文化传承、科普教育等多种功能，挖掘农村经济新增长点，全镇城乡居民收入年均增长×%。

3.激发产业融合发展内生动力

坚持以工业化理念谋划农业、以工场化管理方式经营农业，推动企业带产业、产业促增收的双赢发展局面，促进龙头企业与农户建立利益共享和风险共担机制。将农业生产与休闲旅游相结合，使农业从单纯农产品保障，向就业增收、生态涵养、观光旅游、休闲体验、文化传承等多功能拓展，且让农民参与二三产业，分享产业融合的增值收益。

4.推进美丽乡村建设

农业产业强镇创建以保护生态环境为前提，以发展绿色循环经济为指导，大力发展节约型农业，实行清洁生产、绿色生产、安全生产，从而减少资源消耗，降低农业生产污染。

八、支持政策

×市出台了"促进社会投资十条"，包括农业产业化、文化体育旅游业等十条政策措施，对农产品加工企业新增投资×万元以上的，可以享受集体经营性建设用地入市优惠政策，调节基金的×%奖励给企业用于农业基础设施建设；现代农庄、民宿或田园综合体等农业产业化项目新增投资×万元以上，通过集体经营性建设用地入市的，调节基金的×%奖励给企业用于农业基础设施建设。

×市出台了《规范与扶持家庭农场农民合作社等发展的实施办法》，规定每年安排×万元产业专项发展资金，用于重点规范、扶持家庭农场、农民合作社等新型农业经营主体，推动适度规模化经营。×市《关于推进科技创新的若干政策措施》要求财政每年投入科技三项经费×万元，重点扶持农业新产品、新技术、新模式推广应用，在全省率先成立由×名院士和×名专家担纲的科技创新专家咨询委员会，成功获批创建全国首批创新型县（市）。

×镇出台了《农业产业扶持管理办法》《农业产业奖励管理办法》，进一步完善土地、金融、财政、人才等农业产业扶持政策，帮助和指导企业用好用足优惠政策。在符合土地利用总体规划的前提下优先流转给规模合作社，充分发挥土地流转合作社作用，与各个农户商量土地流转事宜，合作社按一定标准收取服务费用，减少了农户与企业的不信任感，使企业免于单独和农户逐个谈判，节约了时间成本，加快了土地流转的进度，在企业和农户之间架起了一座桥梁。

九、组织保障（略）

生态养殖工程项目

一、项目建设内容

×生态养殖项目主要包括以下建设内容：

（一）支沟渠水污染控制工程

本项目工程治理范围包含×湖及其支沟水系治理，治理总长度54公里，其中治理清淤疏浚67万立方米、水生植被带及原位微生物修复工程54万平方米。

（二）生态养殖工程

一是清淤疏浚工程。本项目清淤主要是在×湖及其支流河道治理范围内，清淤面积总计620万平方米。

二是土方工程。主要是育苗区土方工程，总工程量318万立方米。

三是养殖工程。包括蟹类育苗区建设、鳖类育苗区建设、鱼类育苗区建设、增氧系统、净化水池及净化水管道、制动化温控系统建设。总投资估算见下表。

总投资估算表（参考范本）

单位：万元

序号	工程和费用名称	建筑工程	设备购置	安装工程	其他	合计
一	工程建设费用					
（一）	支沟渠水环境治理工程					
1.1	干渠水环境治理工程Ⅰ					
1.2	干渠水环境治理工程Ⅱ					
1.3	干渠水环境治理工程Ⅲ					
1.4	水环境治理工程Ⅰ					
1.5	水环境治理工程Ⅱ					
1.6	水环境治理工程Ⅲ					
1.7	水环境治理工程Ⅳ					
（二）	生态养殖工程					
2.1	×湖清淤工程					
2.2	育苗区建设					
2.3	育苗区土方工程					

续表

序号	工程和费用名称	建筑工程	设备购置	安装工程	其他	合计
二	其他费用					
（一）	建设单位管理费及前期工作费					
（二）	工程监理费					
（三）	可研、环评等费用					
（四）	勘察设计费					
（五）	招标代理费					
（六）	其他费用					
三	预备费					
四	建设期利息					
合计						

二、基础数据

根据本项目实际建设情况，考虑到本项目建设的准备期，本次评估采用谨慎性原则，测算所取项目建设期2年，项目经营期8年，全部计算期为10年。

三、收入估算

本项目为×湖生态养殖工程项目，债务资金还款来源主要为生态养殖收入。

×湖水域面积近10万亩，通过生态修复与水环境综合治理后，大网将湖区域分隔成几个大的区域，在不同区域进行分区域生态养殖。

本项目采用水面养殖方式，主要养殖蟹、虾、鳖、鱼类，每年共投放蟹苗×万只（成活率75%）、虾苗×万只（成活率75%）、鳖苗×万只（成活率65%）、鱼苗×万条（成活率65%）。依据2022年及以前年度的挂网拍卖价及市场销售价格，亦考虑到未来市场行情的波动，根据审慎性原则，预估未来销售价格分别为蟹200元/千克、虾80元/千克、鳖70元/千克、鱼5元/千克。年捕捞量定为30%。

生态养殖年产量（参考范本）

序号	收入项目	投放数量/万只（条）	成活率（%）	成品数量/万史（条）	年捕捞量/万只（条）
1	蟹类				
2	虾类				
3	鳖类				
4	鱼类				

生态养殖年收益（参考范本）

序号	收入项目	单个重量/千克	总重量/千克	单价/（元/千克）	金额/万元
1	蟹类				
2	虾类				
3	鳖类				
4	鱼类				
	合计				

四、成本估算

（一）年幼苗抚育费

根据相关资料分析，每年幼苗抚育费一般占销售价格的10%，本项目正常年份年销售收入×万元，年培育幼苗费×万元。

（二）燃料动费

按照正常年份销售收入2.0%计算，本项目燃料动力费×万元。

（三）工资福利费

本项目运营后劳动定员×人，年均工资福利费×万元/人，全年工资福利费平均每人工资福利费×劳动定员人数。

（四）修护费用

为保证设备正常运转，每年要对设备进行修护。修护费用按折旧额的8%估算，本项目每年维护费用×万元。

（五）折旧费

本项目的折旧费按照固定资产投资额扣除递延资产后计提，固定资产按照20年计提，残值率按照10%计算，计提折旧额为×万元。

（六）递延资产摊销

按照其他资产分10年摊销完毕，本项目年摊销额为×万元。

（七）其他费用

本项目包括其他管理及营销费用等，按照年收入的5%核算，年其他费用为×万元。

（八）分红收益

投资公司将每年10%的经营利润对×村村集体进行分红，按照收入去除其他成本后的10%计算，年平均分红×万元。

（九）利息支出计算（运营期）

本项目长期借款建设期利息计入固定资产投资，生产经营期利息计入期间财务费用，年利率按4.8%执行。项目运营期内年总成本费用为×万元。

五、利润分配

项目达产年后年均实现利润总额为×万元，年均净利润×万元。

六、财务评价

（一）各项效益指标

经测算本项目自身盈利能力较好，具体各项效益指标如下：

财务内部收益率：所得税后为 7.21%，所得税前为 8.01%，均高于基准内部收益率。

财务净现值：财务净现值（Ic=4.8%），所得税后为 × 万元，所得税前为 × 万元，均大于零。

投资回收期：所得税后静态投资回收期为 × 年，所得税后动态投资回收期为 × 年。

贷款偿还期：本项目偿还资金来源于项目全部折旧、摊销和净利润。经测算，项目全部贷款的偿还期为 9.69 年（含建设期 2 年）；从测算结果看，项目盈利能力较强，第一还款来源比较充裕，具备较强的贷款偿还能力。

（二）不确定性分析

1. 盈亏平衡分析

BEP（生产能力利用率）= 年固定总成本 /（年产品销售收入 – 年变动成本 – 年税金及附加）。

项目盈亏平衡点为 ×%，即当本项目各类产品达到生产能力 ×% 的规模或超过评估测算时项目即可盈利。

2. 敏感性分析

本次评估就销售收入、总投资、经营成本的因素变化对项目相关指标的影响进行了敏感性分析。

敏感性分析表（参考范本）

单位：万元

项目	内部收益率 /%	净现值 / 万元	静态投资回收期 / 年	动态投资回收期 / 年
基准值（税后）				
经营收入下降	−10%			
经营成本上升	10%			
总投资上升	10%			

从表中可以看出，本项目在经营收入下降 10%、经营成本上升 10% 或总投资增加 10% 的情况下，主要指标仍在可接受范围内。从评估结果来看，总投资上升的敏感性程度最高。从评估测算情况来看，项目经营收入、经营成本、总投资出现 10% 不利变化时，对项目效益有一定的影响，但项目财务净现值均大于零、内部收益率均高于基准收益率，表明项目在财务上可行，具有一定的抗风险能力。

七、项目总体分析

对上述项目介绍和各项数据，业内专业人士指出以下几点：

（一）关于清淤

1）1 万亩地不用清淤，做生态池底改良即可。

2）清淤 1 万亩造价最少需要 4000 万元，生态改良只需要 2000 万元。

3）清淤估算 1 亩地需要 1 万元工程费用，造价虚高。

（二）关于育苗区建设

不需要 5000 多万元投资。

（三）关于产品售价

产品预测价格偏高。

（四）项目风险

1）对投资公司来说，花钱干了工程，不一定能提高多少生产效率，还背负了沉重的债务。

2）项目极易烂尾，未来成为半拉子项目。

3）项目建成后如果不是专业化企业来运营，最后很容易亏损。

4. 此类项目要少花钱、多赚钱才可持续。

（五）解决办法

1）此类项目建设资金来源最好是产业基金，由国企出引导基金，其他专业化经营户出股权投资基金，全部为股权投资，10年后退出。养殖专业户应该有意向成为长期投资人，这样可以降低养殖的各种风险，不至于投资打了水漂。

2）清淤、生物池底改良，造价可以减一半。

3）最好做工厂化养殖，露地池塘进行生物改良就可以了。

4）工厂化养殖能形成资产，对银行而言还是优质资产。

保税仓建设项目

一、项目概况

1. 占地面积

项目占地面积60亩。

2. 投资规模

项目计划投资2000万元，其中，中央财政资金约500万元，整合地方资金约500万元，社会自筹资金约1000万元。

3. 产出规模

本项目建成投产后,新增保税仓容约 1 万吨,为项目单位和本地其他企业提供货物进出口保税仓仓储、装卸、报关等相关服务,年进出口量达到 15 万吨。

4. 建设地点

×县经济开发区。

5. 实施主体

×食品公司。

6. 建设年限

本项目建设期为 3 年,即 2020—2022 年。

7. 建设目标

通过本项目的实施,为本地及周边企业提供国际采购、国际运输、通关、报检、保税、仓储、配送等一条龙的完整服务,缓解企业的资金压力和仓储困难,有效提升物流配送效率,为园区招商引资、发展地方经济服务。

具体建设目标如下:

(1)任务目标

完成本项目投资任务 2000 万元,建设保税仓建设项目。

(2)产能目标

本项目建成投产后,新增保税仓容约 1 万吨,为项目单位和本地其他企业提供货物进出口保税仓仓储、装卸、报关等相关服务,年进出口量达到 15 万吨。

（3）效益目标

计算期内年均销售收入1345万元，净利润415万元。

（4）带动目标

新增产业发展关联基地8000亩，带动2000户农户增收500万元，户均增收30000元。

二、项目建设内容

（一）跨境商品保税仓库工程

1. 跨境商品保税仓库

新建跨境商品保税仓库3000平方米，钢架结构，主要用于跨境商品的仓储存放。计划投资450万元，其中，中央财政资金260万元，整合地方资金90万元。

2. 库区自动化管理系统

购置安装库区自动化管理系统1套，计划投资30万元，全部为中央财政资金。

3. 库区监控系统

购置安装库区监控系统1套，计划投资20万元，全部为中央财政资金。

4. 质量检测设备

购置安装质量检测设备1套，计划投资60万元，其中，中央财政资金20万元，整合地方资金40万元。

5. 库区叉车

购置安装库区叉车1台，计划投资35万元，其中，中央财政20万元，整合地方资金15万元。

6. 标准化置物架

购置安装标准化置物架 2 套,计划投资 100 万元,其中,整合地方资金 50 万元,自筹资金 50 万元。

(二)公用与辅助工程

1. 地磅房

新建地磅房 30 平方米,砖混机构,计划投资 4 万元,全部为地方整合资金。

2. 地磅

购置安装地磅 1 套,计划投资 16 万元,其中,中央财政资金 10 万元,整合地方资金 6 万元。

3. 配电房

新建配电房 50 平方米,砖混机构,计划投资 6 万元,全部为地方整合资金。

4. 消防室

新建消防室 50 平方米,砖混机构,计划投资 6 万元,全部为地方整合资金。

5. 门卫室

新建门卫室 20 平方米,砖混机构,计划投资 2 万元,全部为地方整合资金。

6. 厂区道路及周转场

新建厂区道路及周转场 10000 平方米,计划投资 180 万元,其中,中央财政资金 40 万元,整合地方资金 90 万元,自筹资金 50 万元。

7.厂区围墙

新建厂区围墙1000米，计划投资40万元，其中，地方整合资金20万元，自筹资金20万元。

8.其他设施

新建厂区供排水、变配电、消防、污水处理、绿化等设施各1套（项），计划投资250万元，其中，中央财政资金70万元，整合地方资金120万元，自筹资金60万元。

（三）其他工程

1.土地取得

本项目计划购置土地60亩，单价12万元/亩，计划投资720万元，全部为社会自筹资金。

2.前期工作费

本项目勘察、设计、环评等前期工作费用81万元，其中，中央财政资金30万元，整合地方资金51万元。

三、项目投资及资金筹措

（一）投资概算

本项目计划投资2000万元，其中，跨境商品保税仓库工程计划投资695万元，公用与辅助工程计划投资504万元，其他工程计划投资801万元。

（二）自筹资金筹措及社会资金引入

1.项目总投资及资金构成

本项目计划投资2000万元，其中，中央财政资金约500万元，整合地方资金约500万元，社会自筹资金约1000万元。

2. 社会自筹资金筹措方案

本项目社会自筹资金主要来源于项目实施主体自筹资金和社会资金引入两个方面。

四、项目进度计划及实施步骤

项目建设期为3年，即2020—2022年。同时，结合项目建设内容的先后配套和相关文件要求，将整个项目分解成相对独立的单元实施。

为保证项目尽早实现产能、发挥效益，根据项目的性质，按年度建设内容制定主要实施步骤如下：

（一）2020年建设内容实施步骤

完成土地购置工作，展开跨境商品保税仓库建设工作，同时完成配电房、消防室、厂区围墙、供排水设施、变配电设施、污水处理设施等公用与辅助工程的建设工作。

（二）2021年建设内容实施步骤

完成跨境商品保税仓库的建设工作，配套完成地磅房、门卫室以及消防设施等公用与辅助工程建设工作，同时完成库区自动化管理系统、库区监控系统、库区叉车、标准化置物架以及地磅设施的购置与安装。

（三）2022年建设内容实施步骤

完成厂区道路及周转场以及绿化设施的建设工作，同时完成质量检测设备的购置与安装。

五、效益分析

（一）经济效益

1. 评价依据

《建设项目经济评价方法与参数》《投资项目可行性研究指南》《投

资项目经济咨询评估指南》等。

2.评价说明

1）财务制度规定：固定资产的折旧年限分别是房屋建筑物30年、机械设备20年，残值率5%，折旧方法为平均年限法；无形资产（土地）按50年进行摊销，其他资产按5年进行摊销。

2）税收政策：根据国家现行财税政策执行。

3）项目基准收益率8%，贴现率8%。

4）项目计算期：10年（含建设期）。项目建成后第一年达产率60%，第二年达产率80%，第三年达产率100%。

3.财务评价测算

（1）销售（营业）收入

本项目建成后，形成仓容约1万吨，为项目单位和本地其他企业提供货物进出口保税仓仓储、装卸、报关等相关服务，平均周转天数按照30天计算，预计年进出口量达到15万吨，年综合收益为2500万元。

（2）营业税金与附加

本项目财务计算期内，年均所得税139万元，营业税金及附加7.83万元。

（3）总成本及经营成本估算

成本估算基础：根据现行财务制度规定，项目的总成本按产品生产成本及管理费用、财务费用、销售费用等期间费用计算。为便于项目的财务测算及评价，本报告依据《投资项目可行性研究指南》及《投资项目经济咨询评估指南》的办法，将上述费用中的相同各项费用归并后，按可变成本、管理费用、工资及福利成本等要素进行测算。

原料成本：主要原材料价格参考当地的现行价格，根据行业特点计算成本及费用。

人员工资：项目建成投产后，将提供150个工作岗位，工资总额约590万元/年。

修理费：按固定资产原值的1%计提。

其他费用：制造费用，销售费用，管理费用中扣除工资及福利费、折旧费、摊销费。

总成本估算：计算期内，项目项目年均总成本费用882万元。

4. 财务效益分析

项目静态投资回收期（P_t）：税前为7.63年，税后为6.78年。通过对项目的现金流估计及损益分析，本项目获利能力较强。

5. 不确定性分析

（1）盈亏平衡分析

盈亏平衡点时设计能力利用率=（年固定总成本）/（年销售收入－年销售税金及附加－年可变总成本）=82.16%，即项目生产能力达到82.16%时，项目不盈不亏，表明项目具有较强的抗风险能力。

（2）敏感性分析

分别对销售收入、经营成本、投资等因素按比率增加或减少5%、10%、15%、20%的单因素变化，对财务内部收益率及投资回收期等指标进行敏感性分析。结果表明，销售价格、经营成本和销售量变动对上述指标的影响最大，新增投资变动对财务收益率及投资回收期的影响相对较小。企业应当在生产过程中加强企业内部管理，努力降低成本，开拓市场，增强企业的抗风险能力；同时在项目建设过程中务必保证资金足额到位，以免影响整个项目建设进程及今后投产。

（二）社会效益

本项目拟建保税仓为公共保税仓，以沟通国际国内两个市场、加快推进区域经济国际化为主要目标，以引进利用外资为发展途径，以功能开发和产业培育同步推进为指针，全面培育国际贸易、保税仓储、出口加工三大主体功能，为加工贸易提供不间断备料和销售备货，减少分散仓储，降低仓储成本，不但可以极大地提高企业货物分拨的灵活性，提高通关速度，而且可以进一步完善本地特色农业产业的配套功能，让更多中小型企业参与到国际贸易中，与世界接轨。

1. 显著促进本地特色农业产业集聚规模

项目实施后，一是能够培育富有区域经济特色的进出口加工业；二是提高本地特色农业产业的集聚程度和科技含量；三是推进以电子商务为技术支撑的现代化综合物流中心建设，丰富公共保税仓与项目单位果蔬深加工基地的联动。

2. 显著提高本地国际贸易发展水平

本项目在发展传统的保税仓储、装卸、报关等服务的基础上，将大力发展进出口分销、国际运输、进出口保险、国际租赁、电子商务等公共保税仓的业务。积极吸引国际货运代理、运输服务等企业参与到本地特色农业产业中来，通过发展多式联运，扩大运输规模，延伸服务环节，不断拓展公共保税仓服务贸易辐射范围和物流服务内涵，提高本地特色农业产业国际贸易发展水平。

3. 完善本地国际贸易的物流监管体系

针对公共保税仓与自由贸易区在管理模式上的差异，尤其在管理制度、海关、商检、法律规范等方面的差异，项目单位将重点与港口、机场、海关、检验检疫、货运代理等部门之间建立较完整的协调配合机制，建成保税仓库与保税区质检的货物快速通道系统，完善国际贸易的物流监管体系。

4. 带动农户效果较为显著

本项目建成投产后，新增产业发展关联基地8000亩，带动2000户农户增收500万元，户均增收3000元。此外，本项目还将新增150个就业岗位，缓解当地劳动力就业压力。

（三）生态效益

本项目采取低能耗、无污染的方式经营，选用能效高、低功耗的设备，实现保税仓的正常运营。通过资源的优化整合，大大减少仓储流通和上下游加工产业对周边环境的危害，减少因操作不当带来的产品损失，进一步保护生态环境，具有一定的生态效益。同时，保税仓内出口货物，将严格按照相关国家标准进行检验，从而倒逼生产加工企业引导农户开展标准化种植，推广有机肥替代化肥、生物防治、物理防治等绿色种植技术，减少化肥、农药的施用量，对改善农业生态环境，实现农业的可持续发展具有积极作用。

六、风险防控机制

本项目的实施风险主要有工程风险、资金风险、安全风险、环保风险、外部协作条件的风险。项目运营后，主要有经营风险、环保风险、安全风险、市场风险、资金风险。

工程风险和外协条件风险方面，项目建设地水文地质条件明确，水电、交通、通信等外部协作条件良好，基本没有工程风险和外协条件风险。

安全风险方面，本项目建设过程中，严格要求施工单位执行安全措施，全面实施建筑安全标准化管理；项目运营过程中，将坚持"安全第一、预防为主、综合治理"的方针，做好劳动安全防护工作，基本不存在安全风险。

环保风险方面，已经对建设及运营过程中可能产生的废水、废气、固体废弃物和噪声进行了预估并分项做出了治理对策。同时，项目还配套建设了环保设施，基本上不存在由于无法满足环保法律法规要求而新增资产投入或迫使项目停产的环保风险。

结合上述分析，本项目风险主要集中在经营风险、市场风险和资金风险。针对存在的风险，主要分析与防范机制如下。

（一）经营风险分析与防控机制

首先，本项目的实施和运营涉及社会资金的引入，采取何种引入方式是影响项目成败的重要因素。因此，项目单位必须多方调研、论证，找到符合实际情况的合作模式，既不能失去项目经营操盘的主动权，又能吸引到外部资金参与项目建设。

其次，在本项目生产过程中，原材料占有一定比例，因此，原材料价格的波动会对项目成本带来一定变动。应加强对原材料采购渠道的拓展，避免过分依赖某一固定的供货商，要建立多途径、长期、稳定的合作关系，保证原材料采购成本的稳定性。同时，要在现有产业化运作模式基础上，围绕本地特色农业产业，从产前、产中、产后整个产业链进行系列开发，指导农户标准化种植，从而保障原料的质量安全和产品品质。

（二）市场风险分析与防控机制

本项目建成后，保税仓主要为相关国际产品提供进出口仓储中转服务，其与项目单位传统业务相比，具有较大不同，存在一定风险。因此，项目单位应积极向本地及周边具有货物进出口需求的企业宣传推广，并制定完善的服务措施，引导项目健康、高效运营，进而达到预期产能和经济效益。

（三）资金风险分析与防控机制

本项目建设投资较大并且资金来源较多，其中，中央财政占比×%，地方整合资金占比×%，社会自筹资金占比×%。在项目建设过程中，资金不按计划到位有可能影响项目的实施，存在一定资金风险。

因此，在项目建设运营过程中，一是项目单位要做好建设投资估算和建设成本控制工作，防止因核算失误、成本失控等原因导致投资扩大进而影响到项目实施；二是农业农村部门、财政部门要及时、准确做好督查验收和资金计划下达等工作，确保项目补助资金尤其是地方配套财政资金能够按照"先建后补"要求按时足额到位；三是项目实施前就开展社会资金的募集工作，重点依托政府资源，广泛开展招商引资工作，吸纳社会资金，争取银行贷款，强化项目实施的资金筹集能力，确保项目顺利实施。

七、项目技术方案

（一）建设布局

对外部条件、流程和物流进行分析，对建筑物及设备布局进行合理分配和安排；确定物流和人流的路线和出入口，选择物料搬运的方法和设备；对建筑物、设备、管线、材料场地、运输线路等进行平面定位和竖向布置；仓库的设计应考虑贮藏量（仓容）和建筑费用等因素，在构造上主要应满足产品安全贮藏和冷库工艺操作所需的条件。

（二）保税仓入库技术方案

1. 技术路线与生产工艺流程（见下图）

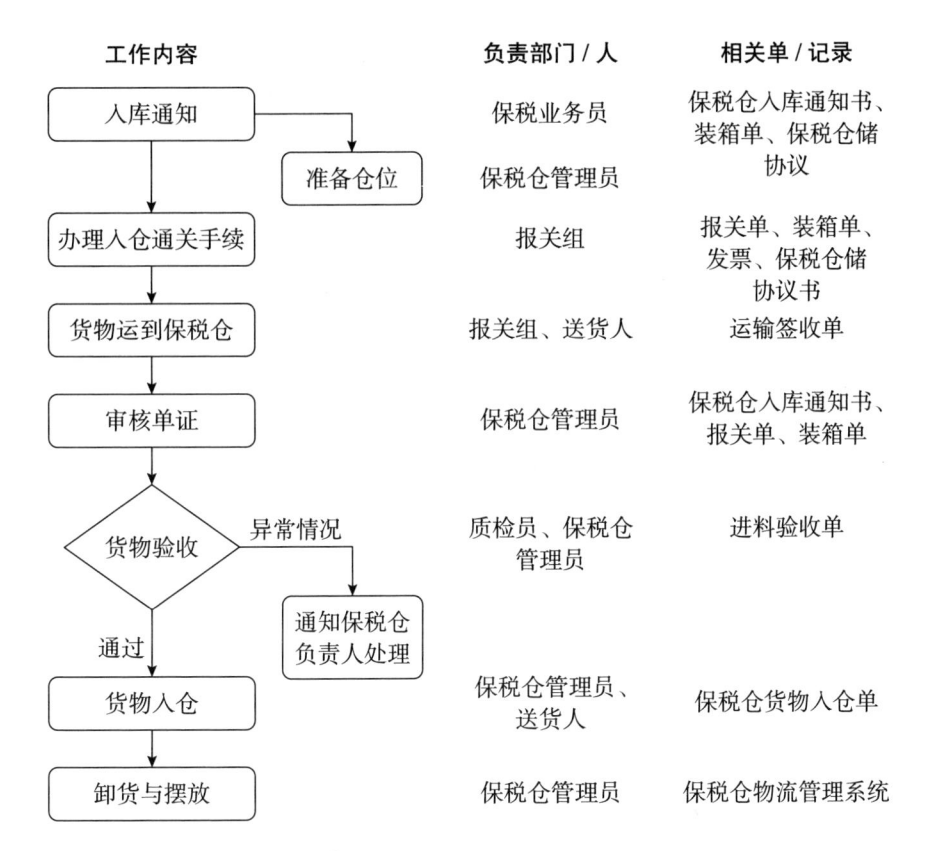

工作内容	负责部门/人	相关单/记录
入库通知	保税业务员	保税仓入库通知书、装箱单、保税仓储协议
准备仓位	保税仓管理员	
办理入仓通关手续	报关组	报关单、装箱单、发票、保税仓储协议书
货物运到保税仓	报关组、送货人	运输签收单
审核单证	保税仓管理员	保税仓入库通知书、报关单、装箱单
货物验收（异常情况→通知保税仓负责人处理）	质检员、保税仓管理员	进料验收单
货物入仓	保税仓管理员、送货人	保税仓货物入仓单
卸货与摆放	保税仓管理员	保税仓物流管理系统

技术路线与生产工艺流程图（入库）

2. 工艺设计与关键技术措施

货物通关：报关组按报关管理制度办理相关通关手续，通知保税仓管理员准确的货物到仓时间，并联系车辆将货物运输到保税仓。

审核单证：保税仓管理员核对所有单证内容一致，手续齐备，方可办理入库手续。入库单证包括保税仓入库通知书、装箱单、报关单。

货物检验：保税仓管理员联同质检员对入仓货物进行检验，确保货物数量与单证完全相符，对货物质量情况进行记录。

入仓交接：货物经检验无误后，保税仓管理员在"保税仓物流管理系统"中输入相关货品数据资料，注明验收质量情况，即时打印保税仓货物入仓单，会同货主或其委托的送货司机现场确认签字，完成实物交接。

卸货、定值及标识：保税仓管理员安排卸货，按划定区域定置摆放货物，做好相关标识，将仓位信息输入"保税仓物流管理系统"，方便存取查验。

（三）保税仓出库技术方案

1. 技术路线与生产工艺流程（见下图）

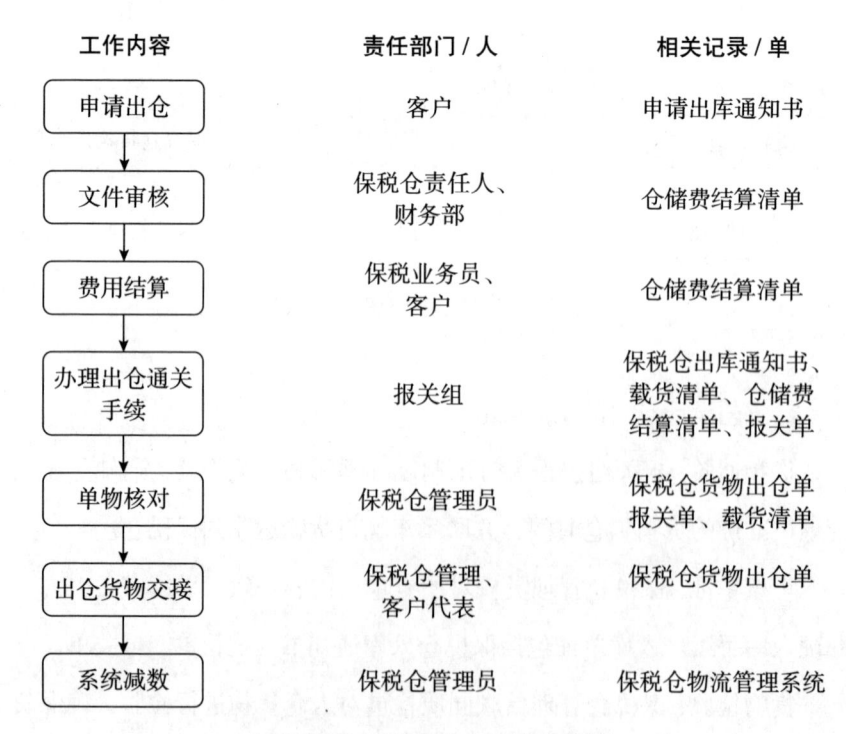

工作内容	责任部门/人	相关记录/单
申请出仓	客户	申请出库通知书
文件审核	保税仓责任人、财务部	仓储费结算清单
费用结算	保税业务员、客户	仓储费结算清单
办理出仓通关手续	报关组	保税仓出库通知书、载货清单、仓储费结算清单、报关单
单物核对	保税仓管理员	保税仓货物出仓单、报关单、载货清单
出仓货物交接	保税仓管理、客户代表	保税仓货物出仓单
系统减数	保税仓管理员	保税仓物流管理系统

技术路线与生产工艺流程图（出库）

2.工艺设计与关键技术措施

出仓通知：客户根据保税仓储协议，对要求出库的货物填写申请出库通知书，交保税仓业务员。

出仓前费用结算：在收到客户的申请出库通知书后，保税仓业务员根据客户货物储存情况填写仓储费结算清单，由保税仓负责人审核及财务部门收费。

出仓报关：保税仓业务员根据已收费的仓储费结算清单填写保税仓出库通知书和载货清单，将以上所有单证交报关组办理出仓报关手续。

单物核对：保税仓管理员收到保税仓出库通知书、载货清单和报关单后，填写保税仓货物出仓单，根据单证内容核对并调出相应的货物。

出仓交接：保税仓管理员安排装车，会同货主或其代理人现场确认，认定单物相符后在保税仓货物出仓单上共同签名，完成交接、放行出仓。

系统减数：货物出仓后，保税仓管理员立即在保税仓物流管理系统中进行减数操作。

全域土地综合整治项目

一、项目概况

×全域土地综合整治项目资源禀赋丰裕，生态环境优美，农业综合生产能力较强，以八角、玉桂、麻竹、茶叶等经济作物为主。受自然地形地貌限制，辖区内耕地碎片化问题突出，土地流转难度较大，农业规模化产业化生产程度低；村庄内部布局无序，人居环境较差。

2021年以来，×县通过实施×镇×村等×个村全域土地综合整治项目，实施规模×公顷，总投资×万元，完成提质改造水田×亩；初步打造集生态农业观光、乡村旅游度假、田园健康养生于一体的田园综合体，提升了乡村经济价值、社会价值、生态价值和文化价值。

通过土地综合整治项目的实施，改善了乡村人居环境，促进了产业融合发展，使"绿水青山"有效转化为"金山银山"，带动村民×户共×人增收，为村集体经济增加收入×万元，实现村集体、企业、社会和村民共同发展、共同获益，为乡村振兴战略探索有效路径，提供了可复制、可借鉴的有利经验。

二、主要做法

（一）优化"三生"空间布局，探索生态产品价值实现机制

本项目根据自然资源条件禀赋、土地利用现状和产业特色，着力优化"三生"用地空间布局，打造"一个中心，五大功能区"。"一个中心"即×村中心区；"五大功能分区"即生态农业种植区、油茶种植示范区、十里长廊产业示范区、特色水果种植区、生态森林涵养区，系统谋划整治区域内农业生产、村庄建设、产业发展和生态修复等空间发展需要，为农业规模经营和农村一二三产业融合发展预留了空间。

按照"建设用地总量不增加，耕地面积增加、质量有提升"的总体目标，充分利用自然资源政策支持，通过实施耕地提质改造和城乡建设用地增减挂钩工程，预计可获补充耕地指标×亩、增减挂钩指标×亩，预期可实现收益×万元，将其反哺乡村建设，实现资源变资产、资产变资金。

（二）挖掘乡村历史文化，着力提升乡村"形实魂"

本项目重视本土客家历史文化资源的挖掘和保护，对×座老宅和×间古祠堂按照"修旧如旧"原则进行修缮，打造客家民俗文化展示厅。

按照客家人生产生活习惯布局和设计村庄乡村风貌和乡村生态环境，如：×村投资×万元，实施小流域水土保持综合治理工程建设河道生态驳岸，建成×座拦沙坝和×座陂坝、×座抽水站、修建灌溉渠道×米。拆除房前屋后乱搭乱建房屋×处，面积×平方米；拆除农村危旧房×栋，拆除面积×平方米。清理生活垃圾、建筑垃圾及杂草杂物等×吨，建成具有渔家特色的"微菜园"×平方米。实施厕所改造×处，铺设混凝土路面×公里，对新建的宅基地统一规划设计，对房屋外立面进行改造，形成了宜居宜业宜游的良好生态环境。

（三）打造田园综合体，促进现代农业项目规模化实施

统筹利用生产空间，结合当地大型综合农业开发示范核心基地建设，引入社会资本采用EPC（工程总承包）模式经营运作，推动项目区现代农业规模化、产业化发展，已投入资金×万元，共流转山岭×亩、耕地×亩，建成×亩麻竹基地，×亩百香果示范基地，×亩茶叶基地，×亩牛大力基地；种植肉桂×亩、八角×亩，优质香水柠檬×亩。同时利用项目区内原有的田园、生态景观和客家历史文化资源，推动农、旅产业融合，打造集生态农业观光、乡村旅游度假、田园健康养生于一体的田园综合体。

（四）全民参与全域土地综合整治，实现生态产品价值共享

本项目坚持村民主体地位，充分发挥企业带动作用，建立"公司+支部+基地+农户"的农业产业化联合体，鼓励村民以土地流转收益

和房屋入股等方式参与，通过"租金保底＋盈余分红＋打工收入"形式，分享生产、加工、销售环节多重收益，对全域土地综合整治中涉及的房屋拆旧、排水沟渠、农村道路等简易工程施工，由村集体组织村民投劳投产，实现了"村民变股东"，激发村民参与全域土地综合整治的积极性。

三、成效成果

（一）改善乡村人居环境

全域土地综合整治项目区通过实施风貌改造，从根本上改变了村庄内部"脏、乱、差"现象，变得整洁而通达，同时配套完善给水、排污、道路、电力等基础设施，居住条件得到极大改善。通过实施生态清洁小流域水土保持综合治理工程，净化了水质，恢复了河道生态功能，改善了农田灌溉条件，有效防止水土流失，促进农田规模化利用，优化乡村生活、生产质量，提升了村民获得感。

（二）促进产业融合发展

通过打造以现代农业种植示范点为基础的农业田园综合体，布局多样化、规模化种植，并与当地自然资源紧密结合，以农业生产、加工及经营销售带动休闲旅游，促进了乡村旅游、康养、科教等产业的发展，实现一二三产业融合发展。预计年产值×万元，年可接待游客×万人次，年新增收入×万元，有效保障各类项目良性运转和资金平衡，增强乡村经济实力，使"绿水青山"有效转化为"金山银山"。

（三）提高村民收入

通过产业促进经济发展，形成村民致富辐射区。如：×村十里长廊产业示范基地通过发展现代农业规模化产业化种植，已解决×名劳动力就业问题。以多元化合作机制，带动村民×户共×人增收，为村集体经济增加收入×万元，实现村集体、企业、社会和村民共同发展、共同获益的良好局面。

参考资料

界面快报，2022.住建部等6部门：进一步加强农村生活垃圾收运处置体系建设管理[EB/OL].（2022-05-26）[2024-03-01］. https://www.jiemian.com/article/7515221.html.

刘颖，张荣旺，2023.江西省首单GEP融资产品落地打通绿色金融新通道[N].中国经营报，2023-02-21.

刘阳，2023.乡村振兴助力共同富裕：内在逻辑与路径选择[J].农村经济与科技（18）.

柳立，2023.专家说——农业保险如何更好地服务乡村振兴[N].金融时报，2023-07-19.

罗轩，徐亚岚，2023.支持国家储备林项目建设 农行达州分行合计授信24.7亿元[N].封面新闻，2023-11-27.

王晶晶，2023.农村金融机构如何走出经营困境[N].中国经济时报，2023-07-21（A04）.

王衍，2023.创新机制发展农村普惠金融[J].金融文化（3）.

玉林市自然资源局，2022.博白县双凤镇推进全域土地综合整治实现生态产品价值取得良好成果[EB/OL].(2022-01-05)[2024-03-01].https://dnr.gxzf.gov.cn/ztzl/gtkjstxf/dxal/t16503492.shtml.

叶利华,2022.农田水利设施建设存在的不足及改进措施[J].农业工程(1).

曾庆平,2023.新型农业经营主体信用体系建设存在问题及建议——以内江为例[EB/OL].(2023-08-22)[2024-02-28].http://www.zgncjr.com.cn/content/2023-08-22/content_6988.html.